# Cozinhando com Amor e Plantas

Receitas Veganas para uma Vida Saudável e Consciente

Juliana Almeida

Direitos autorais 2023

Todos os direitos reservados

Todos os direitos reservados. Nenhuma parte deste livro pode ser reproduzida ou copiada de qualquer forma ou por qualquer meio, eletrônico ou mecânico, incluindo fotocópia, gravação ou por qualquer sistema de armazenamento e recuperação de informações, sem a permissão por escrito do editor. citações em uma revisão.

Aviso - Aviso legal

As informações do livro devem ser as mais precisas possíveis. O autor e a editora não serão responsáveis perante ninguém por qualquer perda ou dano causado ou causado direta ou indiretamente pelas informações contidas neste livro.

## conteúdo

Alcachofras cozidas no vapor com vinho e limão ......... 11

. Cenouras assadas com ervas ......... 13

Feijão-verde cozido no vapor fácil ......... 15

Couve cozida no vapor com sementes de gergelim ......... 17

Legumes assados no inverno ......... 20

tradicional tagine marroquino ......... 22

repolho chinês frito ......... 24

Couve-flor cozida no vapor com gergelim ......... 26

purê de cenoura doce ......... 28

grelos assados ......... 30

Purê de Batata Yukon Gold ......... 32

Acelga suíça torrada aromática ......... 34

Pimentos assados clássicos ......... 36

Purê de vegetais de raiz ......... 38

. abóbora assada ......... 40

Cogumelos Cremini assados ......... 42

Aspargos assados com gergelim ......... 44

Caçarola grega de berinjela ......... 46

ceto arroz de couve-flor ... 48
Couve Alho Fácil ... 50
Alcachofras cozidas no vapor em limão e azeite ... 52
Cenouras assadas com alho e alecrim ... 53
Feijão verde à moda mediterrânica ... 57
Hortaliças assadas ... 59
. Couve-rábano frita fácil ... 61
Couve-flor com molho de Tahini ... 63
Purê de ervas e couve-flor ... 65
Panela de cogumelos com alho e ervas ... 67
aspargos fritos ... 69
Purê de cenoura com gengibre ... 71
Alcachofras fritas à moda mediterrânea ... 73
Couve cozida no vapor estilo tailandês ... 76
Purê de rutabaga sedoso ... 78
Creme de espinafre cozido no vapor ... 80
Couve-rábano assado aromático ... 82
Clássico repolho cozido no vapor ... 84
Cenouras estufadas com sésamo ... 86
Cenouras assadas com molho de tahini ... 88
Couve-flor assada com ervas ... 90
Purê cremoso de brócolis e alecrim ... 93

Acelga Fácil Pan .................................................................................... 95
Couve estufada em vinho ..................................................................... 97
feijão francês legumes........................................................................... 99
purê de couve-rábano amanteigado ................................................... 101
Abobrinha assada com ervas.............................................................. 103
purê de batata doce............................................................................. 105
Rajma Dal indiano tradicional............................................................. 108
salada de feijão vermelho ................................................................... 110
Ensopado de Feijão Anasazi e Legumes ........................................... 112
Shakshuka leve e caloroso .................................................................115
pimentão à moda antiga ......................................................................117
Salada simples de lentilha vermelha ................................................. 120
Salada de grão de bico à moda mediterrânea .................................. 122
Tradicional guisado de feijão da Toscana (Ribollita) ....................... 125
Uma mistura de legumes e lentilhas beluga ..................................... 127
Taças mexicanas de grão-de-bico ..................................................... 129
Indiano Dal Makhani............................................................................ 131
tigela de feijão estilo mexicano.......................................................... 133
clássico minestrone italiano .............................................................. 135
Lentilhas verdes com couve assada ................................................. 137
Mistura de legumes de grão-de-bico ................................................. 139
molho de feijão picante....................................................................... 141

Salada de soja à moda chinesa .................................................. 143

Ensopado de lentilha e legumes à moda antiga .......................... 146

chana masala indiana ................................................................. 148

patê de feijão vermelho .............................................................. 150

tigela de lentilhas marrons ......................................................... 152

Sopa Quente e Picante de Feijão Anasazi .................................. 154

Salada de feijão fradinho (Ñebbe) .............................................. 156

O famoso chili da mamãe ........................................................... 158

Salada cremosa de grão de bico com pinhões .......................... 160

Tigela de Buda feita de feijão preto ........................................... 162

Guisado de grão de bico do Oriente Médio ............................... 164

Lentilhas e molho de tomate ..................................................... 166

Salada cremosa de ervilha ......................................................... 168

Hummus Za'atar do Oriente Médio ............................................ 171

Salada de lentilha com pinhões ................................................. 173

Salada Quente de Feijão Anasazi ............................................... 175

Ensopado tradicional de Mnazaleh ............................................ 177

Creme de pimenta de lentilha vermelha .................................... 179

Ervilhas da neve picantes fritas em wok .................................... 181

pimentão rápido todos os dias .................................................. 183

Salada Cremosa de Feijão Fradinho .......................................... 186

Abacate recheado com grão de bico .......................................... 188

sopa de feijao preto ..................................................................190

Salada de lentilha beluga com ervas ...................................194

salada italiana de feijão ........................................................197

Tomate recheado com feijão branco ....................................199

Sopa de feijão-fradinho de inverno ......................................201

rissóis de feijão vermelho ....................................................203

Hambúrguer de ervilha caseiro ............................................205

Assado de Feijão Preto e Espinafre .....................................207

molho de alho e coentro .......................................................208

molho ranch clássico ............................................................211

Molho de Tahine Coentro .....................................................213

molho de limão e coco .........................................................215

guacamole caseiro ...............................................................217

## Alcachofras cozidas no vapor com vinho e limão

*(Rende em cerca de 35 minutos | Serve 4)*

Por porção: calorias: 228; Gordura: 15,4g; carboidratos: 19,3 g; Proteína: 7,2g

*Ingredientes*

1 limão grande, espremido na hora

1 ½ libras de alcachofras, aparadas, com folhas externas firmes e sem sufocamento

2 colheres de sopa de folhas de hortelã bem picadas

2 colheres de sopa de folhas de coentro bem picadinhas

2 colheres de sopa de folhas de manjericão bem picadas

2 dentes de alho, bem picados

1/4 xícara de vinho branco seco

1/4 xícara de azeite de oliva extra virgem e mais para regar

Sal marinho e pimenta-do-reino moída na hora a gosto

*Títulos*

Encha uma panela com água e adicione o suco de limão. Coloque as alcachofras limpas na tigela para que fiquem completamente submersas.

Em outra tigela pequena, misture bem as ervas e o alho. Esfregue as alcachofras com a mistura de ervas.

Despeje o vinho e o azeite em uma panela; adicione alcachofras à panela. Reduza o fogo para ferver e continue a cozinhar, coberto, por cerca de 30 minutos, até que as alcachofras estejam macias e crocantes.

Na hora de servir, polvilhe a alcachofra com o suco do cozimento, tempere com sal e pimenta-do-reino e está pronto para comer!

. Cenouras assadas com ervas

*(Rende em cerca de 25 minutos | Serve 4)*

Por porção: calorias: 217; Gordura: 14,4g; carboidratos: 22,4 g; Proteína: 2,3g

*Ingredientes*

2 quilos de cenouras, aparadas e cortadas ao meio no sentido do comprimento

4 colheres de sopa de azeite

1 colher de chá de alho granulado

1 colher de chá de páprica

sal marinho e pimenta preta moída na hora

2 colheres de sopa de coentros frescos picados

2 colheres de sopa de salsa fresca picada

2 colheres de sopa de cebolinha fresca picada

*Títulos*

Comece pré-aquecendo o forno a 400F.

Tempere as cenouras com azeite, alho, páprica, sal e pimenta-do-reino. Coloque-os em uma única camada em uma assadeira forrada com papel manteiga.

Asse as cenouras em forno pré-aquecido por cerca de 20 minutos até ficarem macias.

Misture as cenouras com ervas frescas e sirva imediatamente. Desfrute de sua refeição!

Feijão-verde cozido no vapor fácil

*(Rende em cerca de 15 minutos | Serve 4)*

Por porção: calorias: 207; Gordura: 14,5g; carboidratos: 16,5 g; Proteína: 5,3 g

*Ingredientes*

4 colheres de sopa de azeite

1 cenoura, cortada em rodelas

1 ½ quilo de feijão verde picado

4 dentes de alho, descascados

1 louro

1 ½ xícaras de caldo de legumes

Sal marinho e pimenta-do-reino moída a gosto

1 limão cortado em rodelas

*Títulos*

Aqueça o azeite em uma panela em fogo médio. Depois de quente, cozinhe as cenouras e o feijão verde por cerca de 5 minutos, mexendo de vez em quando para cozinhar por igual.

Adicione o alho e as folhas de louro e continue a fritar por mais 1 minuto ou até perfumar.

Adicione o caldo, sal e pimenta-do-reino e continue a ferver, tampado, por cerca de 9 minutos ou até que o feijão verde esteja macio.

Prove, tempere e sirva com rodelas de limão. Desfrute de sua refeição!

## Couve cozida no vapor com sementes de gergelim

*(Rende em cerca de 10 minutos | 4 porções)*

Por porção: calorias: 247; Gordura: 19,9g; carboidratos: 13,9 g; Proteína: 8,3 g

*Ingredientes*

1 xícara de sopa de legumes

1 quilo de couve, limpa, sem talos duros, cortada em pedaços

4 colheres de sopa de azeite

6 dentes de alho picados

1 colher de chá de páprica

Sal kosher e pimenta-do-reino moída a gosto

4 colheres de sopa de sementes de gergelim levemente tostadas

*Títulos*

Leve o caldo de legumes para ferver em uma panela; adicione as folhas de couve e leve para ferver. Cozinhe até que a couve esteja macia, cerca de 5 minutos; reserva.

Aqueça o óleo na mesma panela em fogo médio. Uma vez quente, refogue o alho por cerca de 30 segundos ou até ficar aromático.

Adicione a couve reservada, páprica, sal e pimenta-do-reino e cozinhe por mais alguns minutos ou até aquecer.

Decore com sementes de gergelim levemente tostadas e sirva imediatamente. Desfrute de sua refeição!

Legumes assados no inverno

*(Rende em cerca de 45 minutos | Serve 4)*

Por porção: Calorias: 255; Gordura: 14g; carboidratos: 31 g; Proteína: 3g

*Ingredientes*

1/2 libra de cenouras, cortadas em pedaços de 1 polegada

Pastinaga de 1/2 libra, cortada em pedaços de 1 polegada

1/2 libra de aipo, cortado em pedaços de 1 polegada

1/2 libra de batata-doce, cortada em pedaços de 1 polegada

1 cebola grande, cortada em rodelas

1/4 xícara de azeite

1 colher de chá de flocos de pimenta vermelha

1 colher de chá de manjericão seco

1 colher de chá de orégano seco

1 colher de chá de tomilho seco

sal marinho e pimenta preta moída na hora

*Títulos*

Comece pré-aquecendo o forno a 420F.

Misture os legumes com azeite e especiarias. Coloque-os em uma assadeira forrada com papel manteiga.

Asse por cerca de 25 minutos. Misture os legumes e cozinhe por mais 20 minutos.

Desfrute de sua refeição!

tradicional tagine marroquino

*(Rende em cerca de 30 minutos | Serve 4)*

Por porção: calorias: 258; Gordura: 12,2g; carboidratos: 31 g; Proteína: 8,1g

*Ingredientes*

3 colheres de sopa de azeite

1 chalota grande, picada

1 colher de chá de gengibre, descascado e moído

4 dentes de alho, picados

2 cenouras médias cortadas e picadas finamente

2 pastinacas médias, aparadas e finamente picadas

2 batatas doces médias, descascadas e cortadas em cubos

Sal marinho e pimenta-do-reino moída a gosto

1 colher de chá de molho picante

1 colher de chá de feno-grego

1/2 colher de chá de açafrão

1/2 colher de chá de cominho

2 tomates grandes, amassados

4 xícaras de caldo de legumes

1 limão cortado em rodelas

*Títulos*

Aqueça o azeite em uma panela em fogo médio. Quando estiver quente, cozinhe as chalotas por 4-5 minutos até que amoleçam.

Em seguida, refogue o gengibre e o alho por cerca de 40 segundos ou até ficarem aromáticos.

Adicione o restante dos ingredientes, exceto o limão, e deixe ferver. Imediatamente vire o fogo para baixo.

Cozinhe por cerca de 25 minutos ou até que os legumes estejam macios. Sirva com fatias de limão fresco e divirta-se!

repolho chinês frito

*(Rende em cerca de 10 minutos | 3 porções)*

Por porção: calorias: 228; Gordura: 20,7g; carboidratos: 9,2 g; Proteína: 4,4 g

*Ingredientes*

3 colheres de óleo de gergelim

1 quilo de couve chinesa cortada em rodelas

1/2 colher de chá de cinco especiarias chinesas em pó

Sal kosher, a gosto

1/2 colher de chá de pimenta Szechuan

2 colheres de sopa de molho de soja

3 colheres de sopa de sementes de gergelim levemente tostadas

*Títulos*

Aqueça o óleo de gergelim em uma wok até dourar. Cozinhe o repolho no vapor por cerca de 5 minutos.

Adicione os temperos e o molho de soja e continue a cozinhar, mexendo sempre, por mais 5 minutos, até que o repolho esteja macio e aromático.

Polvilhe sementes de gergelim por cima e sirva imediatamente.

Couve-flor cozida no vapor com gergelim

*(Rende em cerca de 15 minutos | Serve 4)*

Por porção: calorias: 217; Gordura: 17g; carboidratos: 13,2 g; Proteína: 7,1 g

*Ingredientes*

1 xícara de sopa de legumes

1 ½ quilo de rosas de couve-flor

4 colheres de sopa de azeite

2 cebolinhas, finamente picadas

4 dentes de alho, picados

Sal marinho e pimenta-do-reino moída na hora a gosto

2 colheres de sopa de sementes de gergelim, levemente tostadas

*Títulos*

Leve o caldo de legumes para ferver em uma panela grande; em seguida, adicione a couve-flor e cozinhe por cerca de 6 minutos ou até o garfo ficar macio; reserva.

Em seguida, aqueça o azeite até começar a chiar; agora refogue a cebola e o alho por cerca de 1 minuto ou até ficar macio e aromático.

Adicione a couve-flor reservada, sal e pimenta-do-reino; continue a ferver por cerca de 5 minutos ou até aquecer

Decore com gergelim torrado e sirva imediatamente. Desfrute de sua refeição!

purê de cenoura doce

*(Rende em cerca de 25 minutos | Serve 4)*

Por porção: calorias: 270; Gordura: 14,8g; carboidratos: 29,2g; Proteína: 4,5 g

*Ingredientes*

1 ½ quilo de cenoura picada

3 colheres de sopa de manteiga vegana

1 xícara de chalotas, fatiadas

1 colher de sopa de maple syrup

1/2 colher de chá de alho em pó

1/2 colher de chá de pimenta da Jamaica moída

sal marinho, a gosto

1/2 xícara de molho de soja

2 colheres de sopa de coentros frescos picados

*Títulos*

Cozinhe as cenouras por cerca de 15 minutos até ficarem bem macias; seque bem.

Derreta a manteiga em uma panela até dourar. Agora reduza o fogo para manter um chiado constante.

Agora cozinhe a cebolinha até ficar macia. Misture o xarope de bordo, o alho em pó, os dentes moídos, o sal e o molho de soja por cerca de 10 minutos ou até caramelizar.

Adicione a cebolinha caramelizada ao processador de alimentos; adicione as cenouras e os ingredientes do purê até ficarem bem combinados.

Sirva decorado com coentros frescos. Aproveitar!

grelos assados

*(Rende em cerca de 15 minutos | Serve 4)*

Por porção: Calorias: 140; Gordura: 8,8g; carboidratos: 13 g; Proteína: 4,4 g

*Ingredientes*

2 colheres de sopa de azeite

1 cebola fatiada

2 dentes de alho, fatiados

1 ½ libras de nabos, limpos e picados

1/4 xícara de caldo de legumes

1/4 xícara de vinho branco seco

1/2 colher de chá de orégano seco

1 colher de chá de flocos de salsa seca

Sal kosher e pimenta-do-reino moída a gosto

*Títulos*

Aqueça o azeite em uma panela em fogo médio.

Agora refogue a cebola por 3-4 minutos ou até ficar macia e translúcida. Adicione o alho e continue a cozinhar por mais 30 segundos até ficar aromático.

Adicione nabo, caldo, vinho, orégano e salsa; continue a fritar por mais 6 minutos ou até murchar completamente.

Tempere com sal e pimenta-do-reino a gosto e sirva quente. Desfrute de sua refeição!

## Purê de Batata Yukon Gold

*(Rende cerca de 25 minutos | Serve 5)*

Por porção: calorias: 221; Gordura: 7,9g; carboidratos: 34,1 g; Proteína: 4,7 g

*Ingredientes*

2 libras de batatas Yukon Gold, descascadas e cortadas em cubos

1 dente de alho, prensado

Sal marinho e flocos de pimenta vermelha a gosto

3 colheres de sopa de manteiga vegana

1/2 xícara de leite de soja

2 colheres de sopa de cebolinha, fatiada

*Títulos*

Cubra as batatas com um centímetro ou dois de água fria. Coza as batatas em água ligeiramente a ferver durante cerca de 20 minutos.

Em seguida, amasse as batatas junto com o alho, sal, pimenta vermelha, manteiga e leite até atingir a consistência desejada.

Sirva decorado com cebolinha fresca. Desfrute de sua refeição!

Acelga suíça torrada aromática

*(Rende em cerca de 15 minutos | Serve 4)*

Por porção: Calorias: 124; Gordura: 6,7g; carboidratos: 11,1 g; Proteína: 5g

*Ingredientes*

2 colheres de sopa de manteiga vegana

1 cebola finamente picada

2 dentes de alho, fatiados

Sal marinho e pimenta-do-reino moída, para temperar

1 ½ libras de acelga, cortada em pedaços, sem talos duros

1 xícara de sopa de legumes

1 folha de louro

1 raminho de tomilho

2 ramos de alecrim

1/2 colher de chá de sementes de mostarda

1 colher de chá de semente de aipo

*Títulos*

Derreta a manteiga vegana em uma frigideira em fogo médio-alto.

Em seguida, refogue a cebola por cerca de 3 minutos, ou até ficar macia e translúcida; refogue o alho por cerca de 1 minuto até ficar aromático.

Adicione o restante dos ingredientes e leve para ferver; cozinhe, tampado, por cerca de 10 minutos ou até que tudo esteja macio. Desfrute de sua refeição!

Pimentos assados clássicos

*(Rende cerca de 15 minutos | 2 porções)*

Por porção: Calorias: 154; Gordura: 13,7g; carboidratos: 2,9 g; Proteína: 0,5 g

*Ingredientes*

3 colheres de sopa de azeite

4 pimentões, sem sementes e cortados em tiras

2 dentes de alho, bem picados

Sal e pimenta-do-reino moída na hora a gosto.

1 colher de chá de pimenta caiena

4 colheres de sopa de vinho branco seco

2 colheres de sopa de coentro fresco, picado

*Títulos*

Aqueça o óleo em uma panela em fogo médio-alto.

Quando estiver quente, refogue os pimentões por cerca de 4 minutos ou até ficarem macios e perfumados. Em seguida, refogue o alho por cerca de 1 minuto até ficar aromático.

Adicione sal, pimenta do reino e pimenta caiena; continue a fritar, adicionando o vinho, por mais 6 minutos, até ficar macio e cozido.

Prove e ajuste os temperos. Cubra com coentro fresco e sirva. Desfrute de sua refeição!

Purê de vegetais de raiz

*(Rende cerca de 25 minutos | Serve 5)*

Por porção: calorias: 207; Gordura: 9,5g; carboidratos: 29,1 g; Proteína: 3g

*Ingredientes*

1 quilo de batatas vermelhas, descascadas e cortadas em cubos

1/2 libra de pastinagas, aparadas e cortadas em cubos

1/2 libra de cenouras, aparadas e cortadas em cubos

4 colheres de sopa de manteiga vegana

1 colher de chá de orégano seco

1/2 colher de chá de endro seco

1/2 colher de chá de manjerona seca

1 colher de chá de manjericão seco

*Títulos*

Cubra os legumes com água por 1 polegada. Deixe ferver e cozinhe por cerca de 25 minutos até ficar macio; fluir para baixo.

Amasse os legumes com os outros ingredientes, adicionando líquido de cozimento conforme necessário.

Sirva quente e divirta-se!

. abóbora assada

*(Rende em cerca de 25 minutos | Serve 4)*

Por porção: calorias: 247; Gordura: 16,5g; carboidratos: 23,8 g; Proteína: 4,3 g

*Ingredientes*

4 colheres de sopa de azeite

1/2 colher de chá de cominho moído

1/2 colher de chá de pimenta da Jamaica moída

1 ½ quilo de abóbora manteiga, descascada, sem caroço e cortada em cubos

1/4 xícara de vinho branco seco

2 colheres de sopa de molho de soja escuro

1 colher de chá de sementes de mostarda

1 colher de chá de páprica

Sal marinho e pimenta-do-reino moída a gosto

*Títulos*

Comece pré-aquecendo o forno a 420F. Misture a abóbora com o restante dos ingredientes.

Grelhe a abóbora por cerca de 25 minutos ou até ficar macia e caramelizada.

Sirva quente e divirta-se!

## Cogumelos Cremini assados

*(Rende em cerca de 10 minutos | 4 porções)*

Por porção: Calorias: 197; Gordura: 15,5g; carboidratos: 8,8 g; Proteína: 7,3 g

*Ingredientes*

4 colheres de sopa de azeite

4 colheres de sopa de chalota picada

2 dentes de alho, bem picados

1 ½ quilo de cogumelos cremini fatiados

1/4 xícara de vinho branco seco

Sal marinho e pimenta-do-reino moída a gosto

*Títulos*

Aqueça o azeite em uma panela em fogo médio.

Agora refogue as chalotas por 3-4 minutos ou até ficarem macias e translúcidas. Adicione o alho e continue a cozinhar por mais 30 segundos até ficar aromático.

Adicione os cogumelos Cremini, vinho, sal e pimenta-do-reino; continue a fritar por mais 6 minutos, até que os cogumelos estejam levemente dourados.

Desfrute de sua refeição!

Aspargos assados com gergelim

*(Rende em cerca de 25 minutos | Serve 4)*

Por porção: calorias: 215; Gordura: 19,1g; carboidratos: 8,8 g; Proteína: 5,6 g

*Ingredientes*

1 ½ quilo de aspargos picados

4 colheres de sopa de azeite extra virgem

Sal marinho e pimenta-do-reino moída a gosto

1/2 colher de chá de orégano seco

1/2 colher de chá de manjericão seco

1 colher de chá de flocos de pimenta vermelha, esmagados

4 colheres de gergelim

2 colheres de sopa de cebolinha fresca, picada

*Títulos*

Comece pré-aquecendo o forno a 400 graus F. Depois forre um tabuleiro com papel vegetal.

Misture os aspargos com azeite, sal, pimenta-do-reino, orégano, manjericão e flocos de pimenta vermelha. Agora coloque os aspargos em uma única camada na assadeira preparada.

Grelhe os aspargos por cerca de 20 minutos.

Polvilhe as sementes de gergelim sobre os aspargos e cozinhe por mais 5 minutos, ou até que os aspargos estejam macios e crocantes e as sementes de gergelim levemente douradas.

Decore com cebolinha fresca e sirva quente. Desfrute de sua refeição!

### Caçarola grega de berinjela

*(Rende em cerca de 15 minutos | Serve 4)*

Por porção: calorias: 195; Gordura: 16,1g; carboidratos: 13,4 g; Proteína: 2,4g

*Ingredientes*

4 colheres de sopa de azeite

1 ½ quilo de berinjela descascada e cortada em rodelas

1 colher de chá de alho picado

1 tomate triturado

Sal marinho e pimenta-do-reino moída a gosto

1 colher de chá de pimenta caiena

1/2 colher de chá de orégano seco

1/4 colher de chá de folhas de louro moídas

2 onças de azeitonas Kalamata, sem caroço e fatiadas

*Títulos*

Aqueça o óleo em uma panela em fogo médio-alto.

Em seguida, cozinhe a berinjela por cerca de 9 minutos ou até ficar macio.

Adicione o restante dos ingredientes, tampe e continue cozinhando por mais 2-3 minutos ou até que esteja cozido. Servir quente.

ceto arroz de couve-flor

*(Rende cerca de 10 minutos | 5 porções)*

Por porção: Calorias: 135; Gordura: 11,5g; carboidratos: 7,2 g; Proteína: 2,4g

*Ingredientes*

2 cabeças médias de couve-flor, caules e folhas removidos

4 colheres de sopa de azeite extra virgem

4 dentes de alho, espremidos

1/2 colher de chá de flocos de pimenta vermelha esmagada

Sal marinho e pimenta-do-reino moída a gosto

1/4 xícara de salsa plana picada

*Títulos*

Bata a couve-flor em um processador de alimentos com a lâmina S até virar "arroz".

Aqueça o azeite em uma panela em fogo médio-alto. Depois de ferver, cozinhe o alho até ficar perfumado ou cerca de 1 minuto.

Adicione o arroz de couve-flor, pimentão vermelho, sal e pimenta-do-reino e refogue por mais 7-8 minutos.

Prove, tempere e decore com salsa fresca. Desfrute de sua refeição!

Couve Alho Fácil

*(Rende em cerca de 10 minutos | 4 porções)*

Por porção: calorias: 217; Gordura: 15,4g; carboidratos: 16,1 g; Proteína: 8,6 g

*Ingredientes*

4 colheres de sopa de azeite

4 dentes de alho, picados

1 ½ libras de couve fresca, hastes duras e costelas removidas, cortadas em pedaços

1 xícara de sopa de legumes

1/2 colher de chá de sementes de cominho

1/2 colher de chá de orégano seco

1/2 colher de chá de páprica

1 colher de chá de cebola em pó

Sal marinho e pimenta-do-reino moída a gosto

*Títulos*

Aqueça o azeite em uma panela em fogo médio. Agora refogue o alho por cerca de 1 minuto ou até ficar aromático.

Acrescente a couve, acrescentando aos poucos o caldo de legumes; mexa para promover um cozimento uniforme.

Leve o lume a ferver, junte as especiarias e deixe cozinhar durante 5-6 minutos até as folhas da couve murcharem.

Sirva quente e divirta-se!

## Alcachofras cozidas no vapor em limão e azeite

*(Rende em cerca de 35 minutos | Serve 4)*

Por porção: calorias: 278; Gordura: 18,2g; carboidratos: 27 g; Proteína: 7,8 g

*Ingredientes*

1 ½ xícaras de água

2 limões espremidos na hora

2 quilos de alcachofras, cortadas, com as folhas externas duras e sem sufocar

1 punhado de salsa italiana fresca

2 ramos de tomilho

2 ramos de alecrim

2 folhas de louro

2 dentes de alho, bem picados

1/3 xícara de azeite

Sal marinho e pimenta-do-reino moída a gosto

1/2 colher de chá de flocos de pimenta vermelha

*Títulos*

Encha uma panela com água e adicione o suco de limão. Coloque as alcachofras limpas na tigela para que fiquem completamente submersas.

Em outra tigela pequena, misture bem as ervas e o alho. Esfregue as alcachofras com a mistura de ervas.

Despeje a água com limão e o azeite em uma panela; adicione alcachofras à panela. Reduza o fogo para ferver e continue a cozinhar, coberto, por cerca de 30 minutos, até que as alcachofras estejam macias e crocantes.

Na hora de servir, polvilhe a alcachofra com o sumo da cozedura, tempere com sal, pimenta preta e flocos de pimenta vermelha. Desfrute de sua refeição!

## Cenouras assadas com alho e alecrim

*(Rende em cerca de 25 minutos | Serve 4)*

Por porção: calorias: 228; Gordura: 14,2g; carboidratos: 23,8 g; Proteína: 2,8g

*Ingredientes*

2 quilos de cenouras, aparadas e cortadas ao meio no sentido do comprimento

4 colheres de sopa de azeite

2 colheres de sopa de vinagre de champanhe

4 dentes de alho, picados

2 ramos de alecrim picados

Sal marinho e pimenta-do-reino moída a gosto

4 colheres de sopa de pinhões picados


*Títulos*

Comece pré-aquecendo o forno a 400F.

Misture as cenouras com azeite, vinagre, alho, alecrim, sal e pimenta-do-reino. Coloque-os em uma única camada em uma assadeira forrada com papel manteiga.

Asse as cenouras em forno pré-aquecido por cerca de 20 minutos até ficarem macias.

Decore as cenouras com pinhões e sirva imediatamente. Desfrute de sua refeição!

## Feijão verde à moda mediterrânica

*(Rende em cerca de 20 minutos | Serve 4)*

Por porção: calorias: 159; Gordura: 8,8g; carboidratos: 18,8 g; Proteína: 4,8 g

*Ingredientes*

2 colheres de sopa de azeite

1 pimentão vermelho, sem sementes e picado

1 ½ quilo de feijão verde

4 dentes de alho, picados

1/2 colher de chá de sementes de mostarda

1/2 colher de chá de sementes de funcho

1 colher de chá de endro seco

2 tomates, purê

1 xícara de creme de aipo

1 colher de chá de mistura de ervas italianas

1 colher de chá de pimenta caiena

Sal e pimenta-do-reino moída na hora

*Títulos*

Aqueça o azeite em uma panela em fogo médio. Depois de quente, cozinhe os pimentões e o feijão verde por cerca de 5 minutos, mexendo ocasionalmente para cozinhar uniformemente.

Adicione o alho, sementes de mostarda, sementes de erva-doce e endro e continue a fritar por mais 1 minuto ou até perfumar.

Adicione o purê de tomate, creme de aipo, mistura de ervas italianas, pimenta caiena, sal e pimenta-do-reino. Cubra e cozinhe por cerca de 9 minutos ou até que o feijão verde esteja macio.

Prove, tempere e sirva quente. Desfrute de sua refeição!

## Hortaliças assadas

*(Rende em cerca de 45 minutos | Serve 4)*

Por porção: calorias: 311; Gordura: 14,1g; carboidratos: 45,2 g; Proteína: 3,9 g

*Ingredientes*

1 libra de abóbora, descascada e cortada em pedaços de 1 polegada

4 batatas doces, descascadas e cortadas em pedaços de 1 polegada

1/2 xícara de cenouras, descascadas e cortadas em pedaços de 1 polegada

2 cebolas médias, cortadas em rodelas

4 colheres de sopa de azeite

1 colher de chá de alho granulado

1 colher de chá de páprica

1 colher de chá de alecrim seco

1 colher de chá de sementes de mostarda

Sal kosher e pimenta-do-reino moída na hora a gosto

*Títulos*

Comece pré-aquecendo o forno a 420F.

Misture os legumes com azeite e especiarias. Coloque-os em uma assadeira forrada com papel manteiga.

Asse por cerca de 25 minutos. Misture os legumes e cozinhe por mais 20 minutos.

Desfrute de sua refeição!

. Couve-rábano frita fácil

*(Rende em cerca de 30 minutos | Serve 4)*

Por porção: calorias: 177; Gordura: 14g; carboidratos: 10,5 g; Proteína: 4,5 g

*Ingredientes*

1 quilo de cebola rutabaga, descascada e fatiada

4 colheres de sopa de azeite

1/2 colher de chá de sementes de mostarda

1 colher de chá de semente de aipo

1 colher de chá de manjerona desidratada

1 colher de chá de alho granulado, picado

Sal marinho e pimenta-do-reino moída a gosto

2 colheres de sopa de levedura nutricional

*Títulos*

Comece pré-aquecendo o forno a 450F.

Misture o rutabaga com o azeite e os temperos até ficar bem coberto. Coloque as rutabagas em uma única camada em uma assadeira forrada com papel manteiga.

Asse as rutabagas no forno pré-aquecido por cerca de 15 minutos; mexa e cozinhe por mais 15 minutos.

Polvilhe os rutabagas quentes com fermento e sirva imediatamente. Desfrute de sua refeição!

## Couve-flor com molho de Tahini

*(Rende em cerca de 10 minutos | 4 porções)*

Por porção: calorias: 217; Gordura: 13g; carboidratos: 20,3 g; Proteína: 8,7g

*Ingredientes*

1 xícara de água

2 quilos de floretes de couve-flor

Sal marinho e pimenta-do-reino moída a gosto

3 colheres de sopa de molho de soja

5 colheres de tahine

2 dentes de alho, bem picados

2 colheres de sopa de suco de limão

*Títulos*

Leve a água para ferver em uma panela grande; em seguida, adicione a couve-flor e cozinhe por cerca de 6 minutos ou até o garfo ficar macio; escorra, tempere com sal e pimenta e deixe ferver.

Misture bem o molho de soja, o tahine, o alho e o suco de limão em uma tigela. Despeje o molho sobre os floretes de couve-flor e sirva.

Desfrute de sua refeição!

Purê de ervas e couve-flor

*(Rende em cerca de 25 minutos | Serve 4)*

Por porção: calorias: 167; Gordura: 13g; carboidratos: 11,3 g; Proteína: 4,4 g

*Ingredientes*

1 ½ quilo de rosas de couve-flor

4 colheres de sopa de manteiga vegana

4 dentes de alho, fatiados

Sal marinho e pimenta-do-reino moída a gosto

1/4 xícara de leite de aveia sem açúcar

2 colheres de sopa de salsa fresca picada

*Títulos*

Cozinhe no vapor os floretes de couve-flor por cerca de 20 minutos; reserve para esfriar.

Derreta a manteiga vegana em uma frigideira em fogo médio-alto; agora refogue o alho por cerca de 1 minuto ou até ficar aromático.

Adicione os floretes de couve-flor ao processador de alimentos e, em seguida, adicione o alho refogado, sal, pimenta-do-reino e leite de aveia. Bata até que tudo esteja bem misturado.

Decore com folhas de salsa fresca e sirva quente. Desfrute de sua refeição!

## Panela de cogumelos com alho e ervas

*(Rende em cerca de 10 minutos | 4 porções)*

Por porção: calorias: 207; Gordura: 15,2g; carboidratos: 12,7 g; Proteína: 9,1 g

*Ingredientes*

4 colheres de sopa de manteiga vegana

1 ½ quilo de cogumelos ostra, cortados ao meio

3 dentes de alho picados

1 colher de chá de orégano seco

1 colher de chá de alecrim seco

1 colher de chá de flocos de salsa seca

1 colher de chá de manjerona desidratada

1/2 xícara de vinho branco seco

Sal kosher e pimenta-do-reino moída a gosto

*Títulos*

Aqueça o azeite em uma panela em fogo médio.

Agora cozinhe os cogumelos por 3 minutos ou até que soltem o líquido. Adicione o alho e continue a cozinhar por mais 30 segundos até ficar aromático.

Adicione os temperos e continue a fritar por mais 6 minutos até que os cogumelos estejam levemente dourados.

Desfrute de sua refeição!

aspargos fritos

*(Rende em cerca de 10 minutos | 4 porções)*

Por porção: calorias: 142; Gordura: 11,8g; carboidratos: 7,7 g; Proteína: 5,1 g

*Ingredientes*

4 colheres de sopa de manteiga vegana

1 ½ quilo de aspargos finamente picados

1/2 colher de chá de sementes de cominho moídas

1/4 colher de chá de folhas de louro, moídas

Sal marinho e pimenta-do-reino moída a gosto

1 colher de chá de suco de limão fresco

*Títulos*

Derreta a manteiga vegana em uma panela em fogo médio.

Refogue os aspargos por cerca de 3-4 minutos, mexendo ocasionalmente para cozinhar uniformemente.

Adicione as sementes de cominho, as folhas de louro, sal e pimenta-do-reino e continue cozinhando os aspargos por mais 2 minutos até ficarem crocantes.

Polvilhe os aspargos com sumo de lima e sirva quente. Desfrute de sua refeição!

Purê de cenoura com gengibre

*(Rende em cerca de 25 minutos | Serve 4)*

Por porção: Calorias: 187; Gordura: 8,4g; carboidratos: 27,1 g; Proteína: 3,4 g

*Ingredientes*

2 quilos de cenouras cortadas em rodelas

2 colheres de sopa de azeite

1 colher de chá de cominho moído

Sal, pimenta-do-reino moída a gosto

1/2 colher de chá de pimenta caiena

1/2 colher de chá de gengibre, descascado e moído

1/2 xícara de leite integral

*Títulos*

Comece pré-aquecendo o forno a 400F.

Misture as cenouras com azeite, cominho, sal, pimenta-do-reino e pimenta caiena. Coloque-os em uma única camada em uma assadeira forrada com papel manteiga.

Asse as cenouras no forno pré-aquecido por cerca de 20 minutos até ficarem crocantes.

Adicione cenouras assadas, gengibre e leite ao processador de alimentos; misture bem os ingredientes.

Desfrute de sua refeição!

## Alcachofras fritas à moda mediterrânea

*(Rende cerca de 50 minutos | Serve 4)*

Por porção: calorias: 218; Gordura: 13g; carboidratos: 21,4 g; Proteína: 5,8 g

*Ingredientes*

4 alcachofras, aparadas, folhas externas duras e caules removidos, cortados ao meio

2 limões espremidos na hora

4 colheres de sopa de azeite extra virgem

4 dentes de alho, picados

1 colher de chá de alecrim fresco

1 colher de chá de manjericão fresco

1 colher de chá de salsa fresca

1 colher de chá de orégano fresco

Flocos de sal marinho e pimenta-do-reino moída a gosto

1 colher de chá de flocos de pimenta vermelha

1 colher de chá de páprica

*Títulos*

Comece pré-aquecendo o forno a 395 graus F. Esfregue a superfície da alcachofra com suco de limão.

Em uma tigela pequena, misture bem o alho com as ervas e os temperos.

Coloque as metades de alcachofra em uma assadeira forrada com papel manteiga, com o lado cortado para cima. Cubra as alcachofras uniformemente com azeite. Preencha as cavidades com a mistura de alho e especiarias.

Asse por cerca de 20 minutos. Agora cubra-os com papel alumínio e asse por mais 30 minutos. Sirva quente e divirta-se!

## Couve cozida no vapor estilo tailandês

*(Rende em cerca de 10 minutos | 4 porções)*

Por porção: Calorias: 165; Gordura: 9,3g; carboidratos: 16,5 g; Proteína: 8,3 g

*Ingredientes*

1 xícara de água

1 ½ libras de couve, hastes duras e costelas removidas, cortadas em cubos

2 colheres de sopa de óleo de gergelim

1 colher de chá de alho fresco, pressionado

1 colher de chá de gengibre, descascado e moído

1 pimenta tailandesa picada

1/2 colher de chá de açafrão em pó

1/2 xícara de leite de coco

Sal kosher e pimenta-do-reino moída a gosto

*Títulos*

Leve rapidamente a água para ferver em uma panela grande. Adicione a couve e cozinhe até ficar translúcida, cerca de 3 minutos. Escorra, enxágue e torça para secar.

Limpe a panela com uma toalha de papel e aqueça o óleo de gergelim em fogo médio. Depois de quente, cozinhe o alho, o gengibre e a pimenta por cerca de 1 minuto até perfumar.

Adicione a couve e o açafrão em pó e continue a cozinhar por mais 1 minuto ou até aquecer.

Adicione aos poucos o leite de coco, sal e pimenta-do-reino; continue a ferver até que o líquido engrosse. Prove, tempere e sirva quente. Desfrute de sua refeição!

## Purê de rutabaga sedoso

*(Rende em cerca de 30 minutos | Serve 4)*

Por porção: Calorias: 175; Gordura: 12,8g; carboidratos: 12,5 g; Proteína: 4,1g

*Ingredientes*

1 ½ libras rutabagas, descascadas e cortadas em cubos

4 colheres de sopa de manteiga vegana

Sal marinho e pimenta-do-reino moída na hora a gosto

1/2 colher de chá de sementes de cominho

1/2 colher de chá de sementes de coentro

1/2 xícara de leite de soja

1 colher de chá de endro fresco

1 colher de chá de salsa fresca

*Títulos*

Cozinhe rutabagas em água fervente com sal até ficar macio, cerca de 30 minutos; fluir para baixo.

Amasse as rutabagas com a manteiga vegana, sal, pimenta-do-reino, sementes de cominho e sementes de coentro.

Misture os ingredientes com um mixer, adicione o leite aos poucos. Cubra com endro fresco e salsa. Desfrute de sua refeição!

Creme de espinafre cozido no vapor

*(Rende em cerca de 15 minutos | Serve 4)*

Por porção: calorias: 146; Gordura: 7,8g; carboidratos: 15,1 g; Proteína: 8,3 g

*Ingredientes*

2 colheres de sopa de manteiga vegana

1 cebola finamente picada

1 colher de chá de alho picado

1 ½ xícaras de caldo de legumes

2 quilos de espinafre cortado em pedaços

Sal marinho e pimenta-do-reino moída a gosto

1/4 colher de chá de endro seco

1/4 colher de chá de sementes de mostarda

1/2 colher de chá de semente de aipo

1 colher de chá de pimenta caiena

1/2 xícara de leite de aveia

*Títulos*

Derreta a manteiga vegana em uma frigideira em fogo médio-alto.

Em seguida, refogue a cebola por cerca de 3 minutos ou até ficar macia e translúcida. Em seguida, refogue o alho por cerca de 1 minuto até ficar aromático.

Adicione o caldo e o espinafre e deixe ferver.

Vire o fogo para baixo. Adicione os temperos e cozinhe por mais 5 minutos.

Adicione o leite e cozinhe por mais 5 minutos. Desfrute de sua refeição!

## Couve-rábano assado aromático

*(Rende em cerca de 10 minutos | 4 porções)*

Por porção: calorias: 137; Gordura: 10,3g; carboidratos: 10,7 g; Proteína: 2,9 g

*Ingredientes*

3 colheres de óleo de gergelim

1 ½ libras rutabagas, descascadas e cortadas em cubos

1 colher de chá de alho picado

1/2 colher de chá de manjericão seco

1/2 colher de chá de orégano seco

Sal marinho e pimenta-do-reino moída a gosto

*Títulos*

Aqueça o óleo de gergelim em uma frigideira antiaderente. Depois de quente, frite os rutabagas por cerca de 6 minutos.

Adicione o alho, manjericão, orégano, sal e pimenta preta. Continue cozinhando por mais 1-2 minutos.

Servir quente. Desfrute de sua refeição!

## Clássico repolho cozido no vapor

*(Rende em cerca de 20 minutos | Serve 4)*

Por porção: Calorias: 197; Gordura: 14,3g; carboidratos: 14,8 g; Proteína: 4g

*Ingredientes*

4 colheres de sopa de óleo de gergelim

1 chalota picada

2 dentes de alho, bem picados

2 folhas de louro

1 xícara de sopa de legumes

1 ½ quilo de repolho roxo cortado em rodelas

1 colher de chá de flocos de pimenta vermelha

Sal marinho e pimenta-do-reino a gosto.

*Títulos*

Aqueça o óleo de gergelim em uma panela em fogo médio. Depois de quente, cozinhe as chalotas por 3-4 minutos, mexendo ocasionalmente para cozinhar uniformemente.

Adicione o alho e as folhas de louro e continue a fritar por mais 1 minuto ou até perfumar.

Adicione o caldo, flocos de pimenta vermelha, sal e pimenta-do-reino e cozinhe, tampado, por cerca de 12 minutos ou até que o repolho esteja macio.

Prove, tempere e sirva quente. Desfrute de sua refeição!

Cenouras estufadas com sésamo

*(Rende em cerca de 10 minutos | 4 porções)*

Por porção: calorias: 244; Gordura: 16,8g; carboidratos: 22,7g; Proteína: 3,4 g

*Ingredientes*

1/3 xícara de caldo de legumes

2 quilos de cenouras cortadas em rodelas

4 colheres de sopa de óleo de gergelim

1 colher de chá de alho picado

Sal do Himalaia e pimenta-do-reino moída na hora a gosto

1 colher de chá de pimenta caiena

2 colheres de sopa de salsa fresca picada

2 colheres de gergelim

*Títulos*

Leve o caldo de legumes para ferver em uma panela grande. Vire o fogo para médio baixo. Adicione as cenouras e continue a cozinhar, coberto, por cerca de 8 minutos, até que as cenouras estejam macias.

Aqueça o óleo de gergelim em fogo médio-alto; agora refogue o alho por 30 segundos ou até ficar aromático. Adicione o sal, a pimenta preta e a pimenta caiena.

Em uma panela pequena, toste as sementes de gergelim por 1 minuto ou até dourar e perfumar.

Na hora de servir, decore as cenouras assadas com salsa e gergelim torrado. Desfrute de sua refeição!

Cenouras assadas com molho de tahini

*(Rende em cerca de 25 minutos | Serve 4)*

Por porção: calorias: 365; Gordura: 23,8g; carboidratos: 35,3 g; Proteína: 6,1 g

*Ingredientes*

2 ½ libras de cenouras, lavadas, limpas e cortadas ao meio no sentido do comprimento

4 colheres de sopa de azeite

Sal marinho e pimenta-do-reino moída a gosto

MERGULHAR:

4 colheres de tahine

1 colher de chá de alho prensado

2 colheres de sopa de vinagre branco

2 colheres de sopa de molho de soja

1 colher de chá de mostarda deli

1 colher de chá de xarope de agave

1/2 colher de chá de sementes de cominho

1/2 colher de chá de endro seco

*Títulos*

Comece pré-aquecendo o forno a 400F.

Tempere as cenouras com azeite, sal e pimenta-do-reino. Coloque-os em uma única camada em uma assadeira forrada com papel manteiga.

Asse as cenouras no forno pré-aquecido por cerca de 20 minutos até ficarem crocantes.

Enquanto isso, misture bem todos os ingredientes do molho.

Sirva as cenouras com o molho. Desfrute de sua refeição!

Couve-flor assada com ervas

*(Rende em cerca de 30 minutos | Serve 4)*

Por porção: Calorias: 175; Gordura: 14g; carboidratos: 10,7 g; Proteína: 3,7g

*Ingredientes*

1 ½ quilo de rosas de couve-flor

1/4 xícara de azeite

4 dentes de alho inteiros

1 colher de sopa de manjericão fresco

1 colher de sopa de coentro fresco

1 colher de sopa de orégano fresco

1 colher de sopa de alecrim fresco

1 colher de sopa de salsa fresca

Sal marinho e pimenta-do-reino moída a gosto

1 colher de chá de flocos de pimenta vermelha

*Títulos*

Comece pré-aquecendo o forno a 425 graus F. Regue a couve-flor com o azeite e coloque-as num tabuleiro forrado com papel vegetal.

Em seguida, asse os floretes de couve-flor por cerca de 20 minutos; misture-os com o alho e as especiarias e cozinhe por mais 10 minutos.

Servir quente. Desfrute de sua refeição!

## Purê cremoso de brócolis e alecrim

*(Rende em cerca de 15 minutos | Serve 4)*

Por porção: Calorias: 155; Gordura: 9,8g; carboidratos: 14,1 g; Proteína: 5,7 g

*Ingredientes*

- 1 ½ quilo de floretes de brócolis
- 3 colheres de sopa de manteiga vegana
- 4 dentes de alho, picados
- 2 ramos de alecrim fresco, folhas removidas e picadas
- Sal marinho e pimenta vermelha a gosto
- 1/4 xícara de leite de soja sem açúcar

*Títulos*

Cozinhe as florzinhas de brócolis no vapor por cerca de 10 minutos; reserve para esfriar.

Derreta a manteiga vegana em uma frigideira em fogo médio-alto; agora refogue o alho e o alecrim por cerca de 1 minuto ou até perfumar.

Adicione os floretes de brócolis ao processador de alimentos e, em seguida, adicione a mistura de alho assado/alecrim, sal, pimenta e leite. Bata até que tudo esteja bem misturado.

Decore com ervas frescas adicionais, se desejar, e sirva quente. Desfrute de sua refeição!

Acelga Fácil Pan

*(Rende em cerca de 15 minutos | Serve 4)*

Por porção: Calorias: 169; Gordura: 11,1g; carboidratos: 14,9 g; Proteína: 6,3 g

*Ingredientes*

3 colheres de sopa de azeite

1 chalota, em fatias finas

1 pimentão vermelho, sem sementes e picado

4 dentes de alho, picados

1 xícara de sopa de legumes

2 quilos de acelga, sem talos duros, cortada em pedaços

Sal marinho e pimenta-do-reino moída a gosto

*Títulos*

Aqueça o azeite em uma panela em fogo médio-alto.

Em seguida, refogue as chalotas e os pimentões por cerca de 3 minutos ou até ficarem macios. Em seguida, refogue o alho por cerca de 1 minuto até ficar aromático.

Adicione o caldo e a acelga e deixe ferver. Reduza o fogo para baixo e cozinhe por mais 10 minutos.

Tempere com sal e pimenta-do-reino a gosto e sirva quente. Desfrute de sua refeição!

Couve estufada em vinho

*(Rende em cerca de 10 minutos | 4 porções)*

Por porção: calorias: 205; Gordura: 11,8g; carboidratos: 17,3 g; Proteína: 7,6 g

*Ingredientes*

1/2 xícara de água

1 ½ quilo de couve

3 colheres de sopa de azeite

4 colheres de cebolinha picada

4 dentes de alho, picados

1/2 xícara de vinho branco seco

1/2 colher de chá de sementes de mostarda

Sal kosher e pimenta-do-reino moída a gosto

*Títulos*

Ferva a água em uma panela grande. Adicione a couve e cozinhe até ficar translúcida, cerca de 3 minutos. Escorra e pressione para secar.

Limpe a panela com uma toalha de papel e aqueça o azeite em fogo médio. Depois de quente, cozinhe a cebolinha e o alho até perfumar, cerca de 2 minutos.

Adicione o vinho diluído com couve, sementes de mostarda, sal, pimenta do reino; continue cozinhando, coberto, por mais 5 minutos ou até aquecer.

Distribua em taças individuais e sirva quente. Desfrute de sua refeição!

feijão francês legumes

*(Rende em cerca de 10 minutos | 4 porções)*

Por porção: Calorias: 197; Gordura: 14,5g; carboidratos: 14,4 g; Proteína: 5,4 g

*Ingredientes*

1 ½ xícaras de caldo de legumes

1 tomate Roma, em purê

1 ½ quilo de feijão verde picado

4 colheres de sopa de azeite

2 dentes de alho, bem picados

1/2 colher de chá de pimentão vermelho

1/2 colher de chá de sementes de cominho

1/2 colher de chá de orégano seco

Sal marinho e pimenta-do-reino moída na hora a gosto

1 colher de sopa de suco de limão fresco

*Títulos*

Leve a sopa de legumes e o purê de tomate para ferver. Adicione os Haricots Verts e cozinhe por cerca de 5 minutos até que os Haricots Verts estejam macios; reserva.

Aqueça o azeite em uma frigideira em fogo médio-alto; refogue o alho por 1 minuto ou até ficar aromático.

Adicione as especiarias e o feijão verde reservado; cozinhe por cerca de 3 minutos até ficar macio.

Sirva com algumas gotas de suco de limão fresco. Desfrute de sua refeição!

purê de couve-rábano amanteigado

*(Rende em cerca de 35 minutos | Serve 4)*

Por porção: Calorias: 187; Gordura: 13,6g; carboidratos: 14 g; Proteína: 3,6 g

*Ingredientes*

2 xícaras de água

1 ½ quilo de nabos, descascados e cortados em pedaços pequenos

4 colheres de sopa de manteiga vegana

1 xícara de leite de aveia

2 ramos de alecrim fresco picado

1 colher de sopa de salsa fresca picada

1 colher de chá de pasta de alho-gengibre

Sal Kosher e pimenta-do-reino moída na hora

1 colher de chá de flocos de pimenta vermelha, esmagados

*Títulos*

Ferva a agua; Leve o lume ao lume brando e coza os nabos cerca de 30 minutos; fluir para baixo.

Usando um liquidificador, bata a couve-rábano com manteiga vegana, leite, alecrim, salsa, pasta de alho e gengibre, sal, pimenta-do-reino, flocos de pimenta vermelha, adicionando líquido de cozimento, se necessário.

Desfrute de sua refeição!

## Abobrinha assada com ervas

*(Rende em cerca de 10 minutos | 4 porções)*

Por porção: Calorias: 99; Gordura: 7,4g; carboidratos: 6 g; Proteína: 4,3 g

*Ingredientes*

2 colheres de sopa de azeite

1 cebola fatiada

2 dentes de alho, bem picados

1 ½ quilo de abobrinha fatiada

Sal marinho e pimenta-do-reino moída na hora a gosto

1 colher de chá de pimenta caiena

1/2 colher de chá de manjericão seco

1/2 colher de chá de orégano seco

1/2 colher de chá de alecrim seco

*Títulos*

Aqueça o azeite em uma panela em fogo médio-alto.

Depois de quente, refogue a cebola por cerca de 3 minutos ou até amolecer. Em seguida, refogue o alho por cerca de 1 minuto até ficar aromático.

Adicione a abobrinha junto com os temperos e continue fritando por mais 6 minutos até ficar macio.

Prove e ajuste os temperos. Desfrute de sua refeição!

### purê de batata doce

*(Rende em cerca de 20 minutos | Serve 4)*

Por porção: calorias: 338; Gordura: 6,9g; carboidratos: 68g; Proteína: 3,7g

*Ingredientes*

1 ½ quilo de batata-doce descascada e cortada em cubos

2 colheres de sopa de manteiga vegana, derretida

1/2 xícara de xarope de agave

1 colher de chá de tempero de torta de abóbora

Uma pitada de sal marinho

1/2 xícara de leite de coco

*Títulos*

Cubra as batatas-doces com um ou dois centímetros de água fria. Coza as batatas-doces em água a ferver suavemente durante cerca de 20 minutos; seque bem.

Adicione a batata-doce à tigela do processador de alimentos; adicione a manteiga vegana, o xarope de agave, o tempero da torta de abóbora e o sal.

Continue fazendo purê, adicionando leite aos poucos até que tudo esteja bem misturado. Desfrute de sua refeição!

# Rajma Dal indiano tradicional

*(Rende em cerca de 20 minutos | Serve 4)*

Por porção: calorias: 269; Gordura: 15,2g; carboidratos: 22,9 g; Proteína: 7,2g

*Ingredientes*

3 colheres de óleo de gergelim

1 colher de chá de gengibre moído

1 colher de chá de sementes de cominho

1 colher de chá de sementes de coentro

1 cebola grande bem picada

1 talo de aipo finamente picado

1 colher de chá de alho picado

1 xícara de molho de tomate

1 colher de chá de garam masala

1/2 colher de chá de caril em pó

1 pau de canela pequeno

1 pimentão verde, sem sementes e picado

2 xícaras de feijão em lata, escorrido

2 xícaras de caldo de legumes

Sal kosher e pimenta-do-reino moída a gosto

*Títulos*

Aqueça o óleo de gergelim em uma frigideira em fogo médio-alto; agora refogue o gengibre, as sementes de cominho e as sementes de coentro até perfumar, ou cerca de 30 segundos.

Adicione a cebola e o aipo e cozinhe por mais 3 minutos, até ficarem macios.

Adicione o alho e frite por mais 1 minuto.

Misture o restante dos ingredientes na panela e leve ao fogo baixo. Continue cozinhando por 10 a 12 minutos ou até ficar totalmente cozido. Sirva quente e divirta-se!

## salada de feijão vermelho

*(Preparação em aprox. 1 hora + tempo de arrefecimento | 6 porções)*

Por porção: calorias: 443; Gordura: 19,2g; carboidratos: 52,2g; Proteína: 18,1 g

*Ingredientes*

3/4 libra de feijão, embebido durante a noite

2 pimentões, picados

1 cenoura cortada e ralada

3 onças de grãos de milho congelados ou enlatados, escorridos

3 colheres de sopa bem cheias de cebolinha picada

2 dentes de alho, bem picados

1 pimentão vermelho, fatiado

1/2 xícara de azeite extra virgem

2 colheres de sopa de vinagre de maçã

2 colheres de sopa de suco de limão fresco

Sal marinho e pimenta-do-reino moída a gosto

2 colheres de sopa de coentros frescos picados

2 colheres de sopa de salsa fresca picada

2 colheres de sopa de manjericão fresco picado

*Títulos*

Despeje água fria fresca sobre o feijão embebido e leve para ferver. Deixe ferver por cerca de 10 minutos. Reduza o fogo para baixo e continue cozinhando por 50-55 minutos ou até ficar macio.

Deixe o feijão esfriar completamente e transfira para uma saladeira.

Adicione os outros ingredientes e misture bem. Desfrute de sua refeição!

## Ensopado de Feijão Anasazi e Legumes

*(Rende cerca de 1 hora | 3 porções)*

Por porção: calorias: 444; Gordura: 15,8g; carboidratos: 58,2g; Proteína: 20,2 g

*Ingredientes*

1 xícara de feijão Anasazi, embebido durante a noite e escorrido

3 xícaras de sopa de legumes assados

1 louro

1 raminho de tomilho, picado

1 raminho de alecrim, picado

3 colheres de sopa de azeite

1 cebola grande bem picada

2 talos de aipo picados

2 cenouras, bem picadas

2 pimentões, sem sementes e picados

1 pimentão verde, sem sementes e picado

2 dentes de alho, bem picados

Sal marinho e pimenta-do-reino moída a gosto

1 colher de chá de pimenta caiena

1 colher de chá de páprica

*Títulos*

Leve o feijão Anasazi e o caldo para ferver em uma panela. Assim que ferver, reduza o fogo para fogo brando. Adicione folhas de louro, tomilho e alecrim; deixe cozinhar por cerca de 50 minutos ou até ficar macio.

Enquanto isso, aqueça o azeite em uma panela de fundo grosso em fogo médio-alto. Agora refogue a cebola, aipo, cenoura e pimentão por cerca de 4 minutos até ficarem macios.

Adicione o alho e continue a fritar por mais 30 segundos até ficar aromático.

Misture a mistura assada no feijão cozido. Tempere com sal, pimenta do reino, pimenta caiena e páprica.

Continue cozinhando em fogo baixo, mexendo de vez em quando, por mais 10 minutos ou até que tudo esteja cozido. Desfrute de sua refeição!

## Shakshuka leve e caloroso

*(Rende cerca de 50 minutos | Serve 4)*

Por porção: calorias: 324; Gordura: 11,2g; carboidratos: 42,2g; Proteína: 15,8 g

*Ingredientes*

2 colheres de sopa de azeite

1 cebola finamente picada

2 pimentões, picados

1 pimenta poblano, picada

2 dentes de alho, bem picados

2 tomates, purê

Sal marinho e pimenta-do-reino a gosto.

1 colher de chá de manjericão seco

1 colher de chá de flocos de pimenta vermelha

1 colher de chá de páprica

2 folhas de louro

1 xícara de grão de bico, embebido durante a noite, enxaguado e escorrido

3 xícaras de sopa de legumes

2 colheres de sopa de coentro fresco, picado

*Títulos*

Aqueça o azeite em uma panela em fogo médio. Quando estiver quente, cozinhe a cebola, o pimentão e o alho até ficarem macios e aromáticos, cerca de 4 minutos.

Adicione os tomates, extrato de tomate, sal marinho, pimenta-do-reino, manjericão, pimentão vermelho, páprica e louro.

Deixe levantar fervura e junte o grão-de-bico e o caldo de legumes. Cozinhe por 45 minutos ou até ficar macio.

Prove e ajuste os temperos. Despeje o shakshuka em tigelas individuais e sirva decorado com coentro fresco. Desfrute de sua refeição!

## pimentão à moda antiga

*(Prepara-se em cerca de 1 hora e 30 minutos | 4 porções)*

Por porção: calorias: 514; Gordura: 16,4g; carboidratos: 72 g; Proteína: 25,8 g

*Ingredientes*

3/4 libra de feijão, embebido durante a noite

2 colheres de sopa de azeite

1 cebola finamente picada

2 pimentões, picados

1 malagueta vermelha finamente picada

2 costelas de aipo picado

2 dentes de alho, bem picados

2 folhas de louro

1 colher de chá de cominho moído

1 colher de chá de tomilho finamente picado

1 colher de chá de pimenta preta

20 onças tomates esmagados

2 xícaras de caldo de legumes

1 colher de chá de páprica defumada

sal marinho, a gosto

2 colheres de sopa de coentros frescos picados

1 abacate, sem caroço, descascado e fatiado

*Títulos*

Despeje água fria fresca sobre o feijão embebido e leve para ferver. Deixe ferver por cerca de 10 minutos. Reduza o fogo para baixo e continue cozinhando por 50-55 minutos ou até ficar macio.

Aqueça o azeite em uma panela de fundo grosso em fogo médio. Quando estiver quente, refogue a cebola, o pimentão e o aipo.

Refogue o alho, o louro, o cominho moído, o tomilho e a pimenta-do-reino por cerca de 1 minuto.

Acrescente os tomates picados, o caldo de legumes, a páprica, o sal e o feijão cozido. Deixe ferver, mexendo ocasionalmente, por 25-30 minutos ou até ficar cozido.

Sirva decorado com coentros frescos e abacate. Desfrute de sua refeição!

## Salada simples de lentilha vermelha

*(Pronto em aprox. 20 minutos + tempo de resfriamento | 3 porções)*

Por porção: Calorias: 295; Gordura: 18,8g; carboidratos: 25,2g; Proteína: 8,5 g

*Ingredientes*

1/2 xícara de lentilhas vermelhas, embebidas durante a noite e escorridas

1 ½ xícaras de água

1 raminho de alecrim

1 folha de louro

1 xícara de tomate uva, cortados ao meio

1 pepino, em fatias finas

1 pimentão, em fatias finas

1 dente de alho picado

1 cebola, finamente picada

2 colheres de sopa de suco de limão fresco

4 colheres de sopa de azeite

Sal marinho e pimenta-do-reino moída a gosto

*Títulos*

Adicione as lentilhas vermelhas, água, alecrim e louro a uma panela e leve para ferver em fogo alto. Em seguida, retire do fogo e cozinhe por mais 20 minutos ou até ficar macio.

Coloque as lentilhas em uma saladeira e deixe esfriar completamente.

Adicione os outros ingredientes e misture bem. Sirva em temperatura ambiente ou frio.

Desfrute de sua refeição!

## Salada de grão de bico à moda mediterrânea

*(Preparação em aprox. 40 minutos + tempo de arrefecimento | 4 porções)*

Por porção: calorias: 468; Gordura: 12,5g; carboidratos: 73 g; Proteína: 21,8 g

*Ingredientes*

2 xícaras de grão-de-bico, embebido durante a noite e escorrido

1 pepino persa, fatiado

1 xícara de tomate cereja, cortados ao meio

1 pimentão vermelho, sem sementes e fatiado

1 pimentão verde, sem sementes e fatiado

1 colher de chá de mostarda deli

1 colher de chá de sementes de coentro

1 colher de chá de pimenta jalapeño, picada

1 colher de sopa de suco de limão fresco

1 colher de vinagre balsâmico

1/4 xícara de azeite extra virgem

Sal marinho e pimenta-do-reino moída a gosto

2 colheres de sopa de coentros frescos picados

2 colheres de sopa de azeitonas Kalamata, sem caroço e fatiadas

*Títulos*

Coloque o grão de bico em uma panela; cubra o grão de bico com água por 2 polegadas. Deixe ferver.

Imediatamente abaixe o fogo e continue cozinhando por cerca de 40 minutos ou até ficar macio.

Transfira o grão de bico para uma saladeira. Adicione os outros ingredientes e misture bem. Desfrute de sua refeição!

## Tradicional guisado de feijão da Toscana (Ribollita)

*(Rende cerca de 25 minutos | Serve 5)*

Por porção: calorias: 388; Gordura: 10,3g; carboidratos: 57,3 g; Proteína: 19,5 g

*Ingredientes*

3 colheres de sopa de azeite

1 alho-poró médio, finamente picado

1 folha de aipo, finamente picada

1 abobrinha, em cubos

1 pimentão italiano fatiado

3 dentes de alho, picados

2 folhas de louro

Sal kosher e pimenta-do-reino moída a gosto

1 colher de chá de pimenta caiena

1 lata (28 onças) de tomates, esmagados

2 xícaras de caldo de legumes

2 (15 onças) latas de favas, escorridas

2 xícaras de couve Lacinato, em cubos

1 xícara de crostini

*Títulos*

Aqueça o azeite em uma panela de fundo grosso em fogo médio. Assim que ferver, refogue o alho-poró, aipo, abobrinha e pimenta por cerca de 4 minutos.

Refogue o alho e as folhas de louro por cerca de 1 minuto.

Adicione as especiarias, tomates, caldo e feijão enlatado. Deixe cozinhar, mexendo de vez em quando, por cerca de 15 minutos ou até que esteja cozido.

Adicione a couve Lacinato e continue a cozinhar em lume brando, mexendo de vez em quando, durante 4 minutos.

Sirva decorado com crostini. Desfrute de sua refeição!

## Uma mistura de legumes e lentilhas beluga

*(Rende cerca de 25 minutos | Serve 5)*

Por porção: calorias: 382; Gordura: 9,3g; carboidratos: 59 g; Proteína: 17,2 g

*Ingredientes*

3 colheres de sopa de azeite

1 cebola finamente picada

2 pimentões, sem sementes e picados

1 cenoura, cortada e finamente picada

1 pastinaca, picada e picada

1 colher de chá de gengibre moído

2 dentes de alho, bem picados

Sal marinho e pimenta-do-reino moída a gosto

1 abobrinha grande, em cubos

1 xícara de molho de tomate

1 xícara de sopa de legumes

1 ½ xícaras de lentilhas beluga, embebidas durante a noite e escorridas

2 xícaras de acelga suíça

*Títulos*

Aqueça o azeite em um forno holandês até chiar. Agora refogue a cebola, o pimentão, a cenoura e a pastinaga até ficarem macios.

Adicione o gengibre e o alho e continue a fritar por mais 30 segundos.

Agora adicione o sal, pimenta do reino, abobrinha, molho de tomate, caldo de legumes e lentilhas; Cozinhe por 20 minutos até que tudo esteja bem cozido.

adicionando acelga suíça; tampe e cozinhe por mais 5 minutos. Desfrute de sua refeição!

## Taças mexicanas de grão-de-bico

*(Rende em cerca de 15 minutos | Serve 4)*

Por porção: Calorias: 409; Gordura: 13,5g; carboidratos: 61,3 g; Proteína: 13,8 g

*Ingredientes*

2 colheres de sopa de óleo de gergelim

1 cebola roxa finamente picada

1 pimenta habanero, picada

2 dentes de alho, picados

2 pimentões, sem sementes e picados

Sal marinho e pimenta preta moída

1/2 colher de chá de orégano mexicano

1 colher de chá de cominho moído

2 tomates maduros, em purê

1 colher de chá de açúcar mascavo

16 onças de grão de bico enlatado, escorrido

4 tortillas de farinha (8 polegadas)

2 colheres de sopa de coentro fresco, picado

*Títulos*

Aqueça o óleo de gergelim em uma panela grande em fogo médio. Em seguida, refogue a cebola por 2-3 minutos ou até ficar macia.

Adicione o pimentão e o alho e cozinhe por mais 1 minuto ou até perfumar.

Adicione as especiarias, os tomates e o açúcar mascavo e deixe ferver. Vire imediatamente para fogo baixo, adicione o grão de bico enlatado e cozinhe por mais 8 minutos ou até aquecer.

Torre as tortilhas e disponha-as com a mistura de grão-de-bico preparada.

Cubra com coentro fresco e sirva imediatamente. Desfrute de sua refeição!

## Indiano Dal Makhani

*(Rende cerca de 20 minutos | 6 porções)*

Por porção: calorias: 329; Gordura: 8,5g; carboidratos: 44,1 g; Proteína: 16,8 g

*Ingredientes*

3 colheres de óleo de gergelim

1 cebola grande bem picada

1 pimentão, sem sementes e picado

2 dentes de alho, bem picados

1 colher de gengibre ralado

2 pimentões verdes, sem sementes e picados

1 colher de chá de sementes de cominho

1 louro

1 colher de chá de açafrão em pó

1/4 colher de chá de pimentão vermelho

1/4 colher de chá de pimenta da Jamaica moída

1/2 colher de chá de garam masala

1 xícara de molho de tomate

4 xícaras de caldo de legumes

1 ½ xícaras de lentilhas pretas, embebidas durante a noite e escorridas

4-5 folhas de caril, para decorar h

*Títulos*

Aqueça o óleo de gergelim em uma frigideira em fogo médio-alto; agora refogue a cebola e o pimentão por mais 3 minutos até ficarem macios.

Adicione o alho, o gengibre, as pimentas verdes, as sementes de cominho e as folhas de louro; continue a ferver, mexendo sempre, por 1 minuto ou até perfumado.

Adicione o restante dos ingredientes, exceto as folhas de curry. Agora vamos ferver o fogo. Continue cozinhando por mais 15 minutos ou até que esteja totalmente cozido.

Decore com folhas de curry e sirva quente!

## tigela de feijão estilo mexicano

*(Preparação em aprox. 1 hora + tempo de arrefecimento | 6 porções)*

Por porção: calorias: 465; Gordura: 17,9g; carboidratos: 60,4 g; Proteína: 20,2 g

*Ingredientes*

1 quilo de feijão fradinho demolhado de um dia para o outro e escorrido

1 xícara de milho enlatado, escorrido

2 pimentões assados, fatiados

1 pimentão, picado

1 xícara de tomate cereja, cortados ao meio

1 cebola roxa finamente picada

1/4 xícara de coentro fresco, picado

1/4 xícara de salsa fresca picada

1 colher de chá de orégano mexicano

1/4 xícara de vinagre de vinho tinto

2 colheres de sopa de suco de limão fresco

1/3 xícara de azeite extra virgem

Sal marinho e sal preto moído a gosto

1 abacate, descascado, sem caroço e fatiado

*Títulos*

Despeje água fria fresca sobre o feijão embebido e leve para ferver. Deixe ferver por cerca de 10 minutos. Reduza o fogo para baixo e continue cozinhando por 50-55 minutos ou até ficar macio.

Deixe o feijão esfriar completamente e transfira para uma saladeira.

Adicione os outros ingredientes e misture bem. Sirva em temperatura ambiente.

Desfrute de sua refeição!

### clássico minestrone italiano

*(Preparação em aprox. 30 minutos | 5 porções)*

Por porção: calorias: 305; Gordura: 8,6g; carboidratos: 45,1 g; Proteína: 14,2 g

*Ingredientes*

2 colheres de sopa de azeite

1 cebola grande, em cubos

2 cenouras fatiadas

4 dentes de alho, picados

1 xícara de pasta de cotovelo

5 xícaras de sopa de legumes

1 lata (15 onças) de feijão branco, escorrido

1 abobrinha grande, em cubos

1 lata (28 onças) de tomates, esmagados

1 colher de sopa de folhas de orégano fresco, picadas

1 colher de sopa de folhas frescas de manjericão, picadas

1 colher de sopa de salsa italiana fresca, picada

*Títulos*

Aqueça o azeite em um forno holandês até chiar. Agora cozinhe a cebola e a cenoura até ficarem macias.

Adicione o alho, a massa crua e o caldo; ferva por cerca de 15 minutos.

Acrescente o feijão, a abobrinha, o tomate e as ervas. Continue cozinhando, coberto, por cerca de 10 minutos, até que tudo esteja macio.

Decore com ervas adicionais, se desejar. Desfrute de sua refeição!

## Lentilhas verdes com couve assada

*(Preparação em aprox. 30 minutos | 5 porções)*

Por porção: calorias: 415; Gordura: 6,6g; carboidratos: 71 g; Proteína: 18,4 g

*Ingredientes*

2 colheres de sopa de azeite

1 cebola finamente picada

2 batatas doces, descascadas e cortadas em cubos

1 pimentão, picado

2 cenouras, bem picadas

1 pastinaca picada

1 aipo finamente picado

2 dentes de alho

1 ½ xícaras de lentilhas verdes

1 colher de sopa de mistura de ervas italianas

1 xícara de molho de tomate

5 xícaras de sopa de legumes

1 xícara de milho congelado

1 xícara de verduras, em cubos

*Títulos*

Aqueça o azeite em um forno holandês até chiar. Agora cozinhe a cebola, batata-doce, pimentão, cenoura, nabo e aipo até ficar macio.

Adicione o alho e continue a fritar por mais 30 segundos.

Agora adicione as lentilhas verdes, mistura de ervas italianas, molho de tomate e caldo de legumes; Cozinhe por 20 minutos até que tudo esteja bem cozido.

Adicione o milho congelado e as ervas; tampe e cozinhe por mais 5 minutos. Desfrute de sua refeição!

## Mistura de legumes de grão-de-bico

*(Rende em cerca de 30 minutos | Serve 4)*

Por porção: Calorias: 369; Gordura: 18,1g; carboidratos: 43,5 g; Proteína: 13,2 g

*Ingredientes*

2 colheres de sopa de azeite

1 cebola finamente picada

1 pimentão, picado

1 cebola funcho, picada

3 dentes de alho picados

2 tomates maduros, em puré

2 colheres de sopa de salsa fresca picada

2 colheres de sopa de manjericão fresco, picado

2 colheres de sopa de coentro fresco, picado

2 xícaras de caldo de legumes

14 onças de grão de bico enlatado, escorrido

Sal kosher e pimenta-do-reino moída a gosto

1/2 colher de chá de pimenta caiena

1 colher de chá de páprica

1 abacate, descascado e fatiado

*Títulos*

Aqueça o azeite em uma panela de fundo grosso em fogo médio. Depois de ferver, refogue a cebola, o pimentão e a erva-doce por cerca de 4 minutos.

Refogue o alho por cerca de 1 minuto ou até ficar aromático.

Adicione os tomates, ervas frescas, caldo, grão de bico, sal, pimenta-do-reino, pimenta caiena e páprica. Deixe cozinhar, mexendo de vez em quando, por cerca de 20 minutos ou até ficar cozido.

Prove e ajuste os temperos. Sirva decorado com fatias de abacate fresco. Desfrute de sua refeição!

## molho de feijão picante

*(Rende cerca de 30 minutos | 10 porções)*

Por porção: Calorias: 175; Gordura: 4,7g; carboidratos: 24,9 g; Proteína: 8,8 g

*Ingredientes*

2 (15 onças) latas de favas, escorridas

2 colheres de sopa de azeite

2 colheres de sopa de molho Sriracha

2 colheres de sopa de levedura nutricional

4 onças de cream cheese vegano

1/2 colher de chá de páprica

1/2 colher de chá de pimenta caiena

1/2 colher de chá de cominho moído

Sal marinho e pimenta-do-reino moída a gosto

4 onças de chips de tortilla

*Títulos*

Comece pré-aquecendo o forno a 360F.

Ferva todos os ingredientes, exceto as tortilhas, no processador de alimentos até atingir a consistência desejada.

Asse o molho no forno pré-aquecido por cerca de 25 minutos ou até ficar bem quente.

Sirva com chips de tortilha e divirta-se!

## Salada de soja à moda chinesa

*(Rende em cerca de 10 minutos | 4 porções)*

Por porção: Calorias: 265; Gordura: 13,7g; carboidratos: 21 g; Proteína: 18g

*Ingredientes*

1 lata (15 onças) de soja, escorrida

1 xícara de rúcula

1 xícara de espinafre bebê

1 xícara de repolho verde, picado

1 cebola, finamente picada

1/2 colher de chá de alho picado

1 colher de chá de gengibre moído

1/2 colher de chá de mostarda deli

2 colheres de sopa de molho de soja

1 colher de sopa de vinagre de arroz

1 colher de sopa de suco de limão

2 colheres de sopa de tahine

1 colher de chá de xarope de agave

*Títulos*

Coloque em uma saladeira a soja, a rúcula, o espinafre, o repolho e a cebola; misture.

Misture o restante dos ingredientes do molho em uma tigela pequena.

Tempere a salada e sirva imediatamente. Desfrute de sua refeição!

## Ensopado de lentilha e legumes à moda antiga

*(Rende cerca de 25 minutos | Serve 5)*

Por porção: calorias: 475; Gordura: 17,3g; carboidratos: 61,4 g; Proteína: 23,7 g

*Ingredientes*

3 colheres de sopa de azeite

1 cebola grande bem picada

1 cenoura finamente picada

1 pimentão, em cubos

1 pimenta habanero, picada

3 dentes de alho picados

Sal Kosher e pimenta-do-reino a gosto

1 colher de chá de cominho moído

1 colher de chá de páprica defumada

1 lata (28 onças) de tomates, esmagados

2 colheres de molho de tomate

4 xícaras de caldo de legumes

3/4 quilo de lentilhas vermelhas secas, demolhadas durante a noite e escorridas

1 abacate fatiado

*Títulos*

Aqueça o azeite em uma panela de fundo grosso em fogo médio. Assim que ferver, refogue a cebola, a cenoura e o pimentão por cerca de 4 minutos.

Refogue o alho por cerca de 1 minuto.

Adicione as especiarias, os tomates, o molho de tomate, o caldo e as lentilhas. Deixe cozinhar, mexendo de vez em quando, por cerca de 20 minutos ou até ficar cozido.

Sirva decorado com fatias de abacate. Desfrute de sua refeição!

### chana masala indiana

*(Rende em cerca de 15 minutos | Serve 4)*

Por porção: calorias: 305; Gordura: 17,1g; carboidratos: 30,1 g; Proteína: 9,4 g

*Ingredientes*

1 xícara de tomate, em purê

1 pimenta da Caxemira, picada

1 chalota grande, picada

1 colher de chá de gengibre fresco, descascado e ralado

4 colheres de sopa de azeite

2 dentes de alho, bem picados

1 colher de chá de sementes de coentro

1 colher de chá de garam masala

1/2 colher de chá de açafrão em pó

Sal marinho e pimenta-do-reino moída a gosto

1/2 xícara de caldo de legumes

16 onças de grão de bico enlatado

1 colher de sopa de suco de limão fresco

*Títulos*

No liquidificador ou processador de alimentos, bata os tomates, o pimentão Kashmiri, a cebolinha e o gengibre até ficar homogêneo.

Aqueça o azeite em uma panela em fogo médio. Depois de quente, cozinhe o macarrão preparado e o alho por cerca de 2 minutos.

Adicione as restantes especiarias, o caldo e o grão-de-bico. Vire o fogo para baixo. Ferva por mais 8 minutos ou até ficar cozido.

Retire do fogo. Regue o suco de limão fresco sobre cada fatia. Desfrute de sua refeição!

## patê de feijão vermelho

*(Rende em cerca de 10 minutos | Serve 8)*

Por porção: Calorias: 135; Gordura: 12,1g; carboidratos: 4,4 g; Proteína: 1,6 g

*Ingredientes*

2 colheres de sopa de azeite

1 cebola finamente picada

1 pimentão, picado

2 dentes de alho, bem picados

2 xícaras de feijão fradinho cozido e escorrido

1/4 xícara de azeite

1 colher de chá de mostarda moída em pedra

2 colheres de sopa de salsa fresca picada

2 colheres de sopa de manjericão fresco picado

Sal marinho e pimenta-do-reino moída a gosto

*Títulos*

Aqueça o azeite em uma panela em fogo médio-alto. Agora cozinhe a cebola, o pimentão e o alho até ficarem macios ou cerca de 3 minutos.

Adicione a mistura de refogado ao liquidificador; adicione os outros ingredientes. Bata os ingredientes no liquidificador ou processador de alimentos até ficar homogêneo e cremoso.

Desfrute de sua refeição!

## tigela de lentilhas marrons

*(Preparação em aprox. 20 minutos + tempo de arrefecimento | 4 porções)*

Por porção: Calorias: 452; Gordura: 16,6g; carboidratos: 61,7g; Proteína: 16,4 g

*Ingredientes*

1 xícara de lentilhas marrons, embebidas durante a noite e escorridas

3 xícaras de água

2 xícaras de arroz integral cozido

1 abobrinha, em cubos

1 cebola roxa finamente picada

1 colher de chá de alho picado

1 pepino fatiado

1 pimentão, fatiado

4 colheres de sopa de azeite

1 colher de sopa de vinagre de arroz

2 colheres de sopa de suco de limão

2 colheres de sopa de molho de soja

1/2 colher de chá de orégano seco

1/2 colher de chá de cominho moído

Sal marinho e pimenta-do-reino moída a gosto

2 xícaras de rúcula

2 xícaras de alface romana, em cubos

*Títulos*

Adicione as lentilhas marrons e a água a uma panela e leve para ferver em fogo alto. Em seguida, retire do fogo e cozinhe por mais 20 minutos ou até ficar macio.

Coloque as lentilhas em uma saladeira e deixe esfriar completamente.

Adicione os outros ingredientes e misture bem. Sirva em temperatura ambiente ou frio. Desfrute de sua refeição!

## Sopa Quente e Picante de Feijão Anasazi

*(Prepara-se em cerca de 1 hora e 10 minutos | 5 porções)*

Por porção: calorias: 352; Gordura: 8,5g; carboidratos: 50,1 g; Proteína: 19,7 g

*Ingredientes*

2 xícaras de feijão Anasazi de molho durante a noite, escorrido e enxaguado

8 xícaras de água

2 folhas de louro

3 colheres de sopa de azeite

2 cebolas médias, bem picadas

2 pimentões, picados

1 pimenta habanero, picada

3 dentes de alho, espremidos ou picados

Sal marinho e pimenta-do-reino moída a gosto

*Títulos*

Leve o feijão Anasazi e a água para ferver em uma panela de sopa. Assim que ferver, reduza o fogo para fogo brando. Adicione as folhas de louro e cozinhe por cerca de 1 hora ou até ficar macio.

Enquanto isso, aqueça o azeite em uma panela de fundo grosso em fogo médio-alto. Agora refogue a cebola, pimenta e alho por cerca de 4 minutos até ficarem macios.

Misture a mistura assada no feijão cozido. Tempere com sal e pimenta preta.

Continue cozinhando em fogo baixo, mexendo de vez em quando, por mais 10 minutos ou até que tudo esteja cozido. Desfrute de sua refeição!

## Salada de feijão fradinho (Ñebbe)

*(Rende cerca de 1 hora | 5 porções)*

Por porção: calorias: 471; Gordura: 17,5g; carboidratos: 61,5 g; Proteína: 20,6 g

### Ingredientes

2 xícaras de feijão-fradinho seco, embebido durante a noite e escorrido

2 colheres de sopa de folhas de manjericão picadas

2 colheres de sopa de folhas de salsa picadas

1 chalota picada

1 pepino fatiado

2 pimentões, sem sementes e picados

1 pimentão Scotch Bonnet, sem sementes e picado

1 xícara de tomate cereja, em quartos

Sal marinho e pimenta-do-reino moída a gosto

2 colheres de sopa de suco de limão fresco

1 colher de sopa de vinagre de maçã

1/4 xícara de azeite extra virgem

1 abacate, descascado, sem caroço e fatiado

*Títulos*

Cubra o feijão-fradinho com água até 2 polegadas e deixe ferver suavemente. Deixe ferver por cerca de 15 minutos.

Em seguida, abaixe o fogo por cerca de 45 minutos. Deixe esfriar completamente.

Coloque o feijão fradinho em uma saladeira. Adicione o manjericão, salsa, chalota, pepino, pimentão, tomate cereja, sal e pimenta-do-reino.

Em uma tigela, misture o suco de limão, o vinagre e o azeite.

Tempere a salada, decore com abacate fresco e sirva imediatamente. Desfrute de sua refeição!

## O famoso chili da mamãe

*(Prepara-se em cerca de 1 hora e 30 minutos | 5 porções)*

Por porção: calorias: 455; Gordura: 10,5g; carboidratos: 68,6 g; Proteína: 24,7 g

*Ingredientes*

1 quilo de feijão preto vermelho, demolhado de um dia para o outro e escorrido

3 colheres de sopa de azeite

1 cebola roxa grande, em cubos

2 pimentões, em cubos

1 pimenta poblano, picada

1 cenoura grande cortada em cubinhos

2 dentes de alho, bem picados

2 folhas de louro

1 colher de chá de pimenta mista

Sal kosher e pimenta caiena a gosto

1 colher de sopa de páprica

2 tomates maduros, em puré

2 colheres de molho de tomate

3 xícaras de sopa de legumes

*Títulos*

Despeje água fria fresca sobre o feijão embebido e leve para ferver. Deixe ferver por cerca de 10 minutos. Reduza o fogo para baixo e continue cozinhando por 50-55 minutos ou até ficar macio.

Aqueça o azeite em uma panela de fundo grosso em fogo médio. Quando estiver quente, frite a cebola, o pimentão e a cenoura.

Refogue o alho por cerca de 30 segundos ou até ficar aromático.

Juntar os restantes ingredientes juntamente com o feijão cozido. Deixe ferver, mexendo ocasionalmente, por 25-30 minutos ou até ficar cozido.

Descarte as folhas de louro, coloque em tigelas separadas e sirva quente.

## Salada cremosa de grão de bico com pinhões

*(Rende em cerca de 10 minutos | 4 porções)*

Por porção: calorias: 386; Gordura: 22,5g; carboidratos: 37,2g; Proteína: 12,9 g

*Ingredientes*

16 onças de grão de bico enlatado, escorrido

1 colher de chá de alho picado

1 chalota picada

1 xícara de tomate cereja, cortados ao meio

1 pimentão, sem sementes e fatiado

1/4 xícara de manjericão fresco picado

1/4 xícara de salsa fresca picada

1/2 xícara de maionese vegana

1 colher de sopa de suco de limão

1 colher de chá de alcaparras, escorridas

Sal marinho e pimenta-do-reino moída a gosto

2 onças de pinhões

*Títulos*

Coloque o grão de bico, legumes e ervas em uma tigela de salada.

Adicione a maionese, o suco de limão, as alcaparras, o sal e a pimenta-do-reino. Misture.

Polvilhe o topo com pinhões e sirva imediatamente. Desfrute de sua refeição!

## Tigela de Buda feita de feijão preto

*(Rende cerca de 1 hora | Serve 4)*

Por porção: calorias: 365; Gordura: 14,1g; carboidratos: 45,6 g; Proteína: 15,5 g

*Ingredientes*

1/2 libra de feijão preto, de molho durante a noite e escorrido

2 xícaras de arroz integral cozido

1 cebola roxa média, em fatias finas

1 xícara de pimentão, sem sementes e fatiado

1 pimenta jalapeno, sem sementes e fatiada

2 dentes de alho, bem picados

1 xícara de rúcula

1 xícara de espinafre bebê

1 colher de chá de raspas de limão

1 colher de sopa de mostarda Dijon

1/4 xícara de vinagre de vinho tinto

1/4 xícara de azeite extra virgem

2 colheres de sopa de xarope de agave

Flocos de sal marinho e pimenta-do-reino moída a gosto

1/4 xícara de salsa italiana fresca, picada

*Títulos*

Despeje água fria fresca sobre o feijão embebido e leve para ferver. Deixe ferver por cerca de 10 minutos. Reduza o fogo para baixo e continue cozinhando por 50-55 minutos ou até ficar macio.

Para servir, divida o feijão e o arroz entre as tigelas; cubra com legumes.

Em uma tigela pequena, misture as raspas de limão, mostarda, vinagre, azeite, xarope de agave, sal e pimenta até ficar bem combinado. Regue o vinagrete sobre a salada.

Decore com salsa italiana fresca. Desfrute de sua refeição!

## Guisado de grão de bico do Oriente Médio

*(Rende em cerca de 20 minutos | Serve 4)*

Por porção: calorias: 305; Gordura: 11,2g; carboidratos: 38,6 g; Proteína: 12,7 g

*Ingredientes*

1 cebola finamente picada

1 malagueta finamente picada

2 dentes de alho, bem picados

1 colher de chá de sementes de mostarda

1 colher de chá de sementes de coentro

1 folha de louro

1/2 xícara de purê de tomate

2 colheres de sopa de azeite

1 folha de aipo, finamente picada

2 cenouras médias cortadas e picadas finamente

2 xícaras de caldo de legumes

1 colher de chá de cominho moído

1 pau de canela pequeno

16 onças de grão de bico enlatado, escorrido

2 xícaras de acelga suíça, em cubos

*Títulos*

Bata no liquidificador ou processador de alimentos a cebola, a pimenta malagueta, o alho, o grão de mostarda, o caroço de coentro, o louro e o extrato de tomate até ficar homogêneo.

Aqueça o azeite em uma panela. Agora cozinhe o aipo e a cenoura por cerca de 3 minutos ou até amolecerem. Adicione o macarrão e cozinhe por mais 2 minutos.

De seguida junte o caldo de legumes, os cominhos, a canela e o grão-de-bico; coloque em fogo baixo.

Reduza o fogo para baixo e cozinhe por 6 minutos; Junte a acelga e cozinhe por mais 4-5 minutos, ou até que as folhas murchem. Sirva quente e divirta-se!

## Lentilhas e molho de tomate

*(Rende em cerca de 10 minutos | Serve 8)*

Por porção: calorias: 144; Gordura: 4,5g; carboidratos: 20,2g; Proteína: 8,1g

*Ingredientes*

16 onças de lentilhas, cozidas e escorridas

4 colheres de sopa de tomate seco, picado

1 xícara de purê de tomate

4 colheres de tahine

1 colher de chá de mostarda moída em pedra

1 colher de chá de cominho moído

1/4 colher de chá de folhas de louro moídas

1 colher de chá de flocos de pimenta vermelha

Sal marinho e pimenta-do-reino moída a gosto

*Títulos*

Bata todos os ingredientes no liquidificador ou processador de alimentos até obter a consistência desejada.

Leve à geladeira até a hora de servir.

Sirva com fatias de pita torradas ou palitos de legumes. Aproveitar!

## Salada cremosa de ervilha

*(Prepara-se em cerca de 10 minutos + tempo de arrefecimento | 6 porções)*

Por porção: Calorias: 154; Gordura: 6,7g; carboidratos: 17,3 g; Proteína: 6,9 g

*Ingredientes*

2 latas (14,5 onças) de ervilhas, escorridas

1/2 xícara de maionese vegana

1 colher de chá de mostarda Dijon

2 colheres de cebolinha picada

2 picles picados

1/2 xícara de cogumelos em conserva, picados e escorridos

1/2 colher de chá de alho picado

Sal marinho e pimenta-do-reino moída a gosto

*Títulos*

Coloque todos os ingredientes em uma saladeira. Misture com cuidado.

Coloque a salada na geladeira até a hora de servir.

Desfrute de sua refeição!

## Hummus Za'atar do Oriente Médio

*(Rende em cerca de 10 minutos | Serve 8)*

Por porção: Calorias: 140; Gordura: 8,5g; carboidratos: 12,4 g; Proteína: 4,6 g

*Ingredientes*

10 onças de grão-de-bico, cozido e escorrido

1/4 xícara de tahine

2 colheres de sopa de azeite extra virgem

2 colheres de sopa de tomate seco, picado

1 limão espremido na hora

2 dentes de alho, bem picados

Sal kosher e pimenta-do-reino moída a gosto

1/2 colher de chá de páprica defumada

1 colher de chá de Za'atar

*Títulos*

Bata todos os ingredientes no processador de alimentos até ficar cremoso e homogêneo.

Leve à geladeira até a hora de servir.

Desfrute de sua refeição!

## Salada de lentilha com pinhões

*(Pronto em aprox. 20 minutos + tempo de resfriamento | 3 porções)*

Por porção: calorias: 332; Gordura: 19,7g; carboidratos: 28,2g; Proteína: 12,2g

*Ingredientes*

1/2 xícara de lentilhas marrons

1 ½ xícaras de caldo de legumes

1 cenoura, cortada em rodelas

1 cebola pequena, picada

1 pepino fatiado

2 dentes de alho, bem picados

3 colheres de sopa de azeite extra virgem

1 colher de sopa de vinagre de vinho tinto

2 colheres de sopa de suco de limão

2 colheres de sopa de manjericão picado

2 colheres de salsa picada

2 colheres de cebolinha picada

Sal marinho e pimenta-do-reino moída a gosto

2 colheres de sopa de pinhões, picados

*Títulos*

Adicione as lentilhas marrons e o caldo de legumes a uma panela e leve para ferver em fogo alto. Em seguida, reduza o fogo para ferver e continue a cozinhar por 20 minutos ou até ficar macio.

Coloque as lentilhas em uma saladeira.

Adicione os legumes e misture bem. Em uma tigela, misture o azeite, vinagre, suco de limão, manjericão, salsa, cebolinha, sal e pimenta-do-reino.

Tempere a salada, decore com pinhões e sirva em temperatura ambiente. Desfrute de sua refeição!

## Salada Quente de Feijão Anasazi

*(Rende cerca de 1 hora | 5 porções)*

Por porção: calorias: 482; Gordura: 23,1g; carboidratos: 54,2g; Proteína: 17,2 g

*Ingredientes*

2 xícaras de feijão Anasazi de molho durante a noite, escorrido e enxaguado

6 xícaras de água

1 pimenta poblano, picada

1 cebola finamente picada

1 xícara de tomate cereja, cortados ao meio

2 xícaras de salada mista, em pedaços

Curativo:

1 colher de chá de alho picado

1/2 xícara de azeite extra virgem

1 colher de sopa de suco de limão

2 colheres de sopa de vinagre de vinho tinto

1 colher de sopa de mostarda moída em pedra

1 colher de sopa de molho de soja

1/2 colher de chá de orégano seco

1/2 colher de chá de manjericão seco

Sal marinho e pimenta-do-reino moída a gosto

*Títulos*

Leve o feijão Anasazi e a água para ferver em uma panela. Depois de ferver, reduza o fogo para ferver e cozinhe por cerca de 1 hora ou até ficar macio.

Escorra o feijão cozido e coloque em uma saladeira; adicione os outros ingredientes da salada.

Em seguida, em uma tigela pequena, misture todos os ingredientes para o molho até ficar bem combinado. Vista a salada e misture. Sirva em temperatura ambiente e aproveite!

## Ensopado tradicional de Mnazaleh

*(Rende em cerca de 25 minutos | Serve 4)*

Por porção: calorias: 439; Gordura: 24g; carboidratos: 44,9 g; Proteína: 13,5 g

*Ingredientes*

4 colheres de sopa de azeite

1 cebola finamente picada

1 berinjela grande, descascada e cortada em cubos

1 xícara de cenoura picada

2 dentes de alho, bem picados

2 tomates grandes, amassados

1 colher de chá de especiarias

2 xícaras de caldo de legumes

14 onças de grão de bico enlatado, escorrido

Sal kosher e pimenta-do-reino moída a gosto

1 abacate médio, sem caroço, descascado e fatiado

*Títulos*

Aqueça o azeite em uma panela de fundo grosso em fogo médio. Assim que ferver, frite a cebola, a berinjela e a cenoura por cerca de 4 minutos.

Refogue o alho por cerca de 1 minuto ou até ficar aromático.

Adicione os tomates, especiarias baharat, caldo e grão de bico enlatado. Deixe cozinhar, mexendo de vez em quando, por cerca de 20 minutos ou até ficar cozido.

Tempere com sal e pimenta. Sirva decorado com fatias de abacate fresco. Desfrute de sua refeição!

## Creme de pimenta de lentilha vermelha

*(Rende em cerca de 25 minutos | Serve 9)*

Por porção: calorias: 193; Gordura: 8,5g; carboidratos: 22,3g; Proteína: 8,5 g

*Ingredientes*

1 ½ xícaras de lentilhas vermelhas, embebidas durante a noite e escorridas

4 xícaras e meia de água

1 raminho de alecrim

2 folhas de louro

2 pimentões assados, sem sementes e picados

1 chalota picada

2 dentes de alho, bem picados

1/4 xícara de azeite

2 colheres de sopa de tahine

Sal marinho e pimenta-do-reino moída a gosto

*Títulos*

Adicione as lentilhas vermelhas, água, alecrim e louro a uma panela e leve para ferver em fogo alto. Em seguida, reduza o fogo para ferver e continue a cozinhar por 20 minutos ou até ficar macio.

Coloque as lentilhas em um processador de alimentos.

Adicione o restante dos ingredientes e processe até que tudo esteja bem combinado.

Desfrute de sua refeição!

## Ervilhas da neve picantes fritas em wok

*(Rende em cerca de 10 minutos | 4 porções)*

Por porção: Calorias: 196; Gordura: 8,7g; carboidratos: 23 g; Proteína: 7,3 g

*Ingredientes*

2 colheres de sopa de óleo de gergelim

1 cebola finamente picada

1 cenoura, cortada e finamente picada

1 colher de chá de pasta de alho-gengibre

1 libra de ervilhas

Pimenta Szechuan, a gosto

1 colher de chá de molho Sriracha

2 colheres de sopa de molho de soja

1 colher de sopa de vinagre de arroz

*Títulos*

Aqueça o óleo de gergelim em uma wok até dourar. Agora refogue a cebola e a cenoura por 2 minutos ou até ficarem crocantes e macias.

Adicione a pasta de alho e gengibre e cozinhe por mais 30 segundos.

Adicione as ervilhas e refogue em fogo alto até dourar levemente, cerca de 3 minutos.

Em seguida, adicione a pimenta, Sriracha, molho de soja e vinagre de arroz e frite por mais 1 minuto. Sirva imediatamente e divirta-se!

## pimentão rápido todos os dias

*(Prepara-se em cerca de 35 minutos | Serve 5)*

Por porção: calorias: 345; Gordura: 8,7g; carboidratos: 54,5 g; Proteína: 15,2 g

*Ingredientes*

2 colheres de sopa de azeite

1 cebola grande bem picada

1 aipo cortado com folhas e picado

1 cenoura cortada em cubinhos

1 batata doce, descascada e cortada em cubinhos

3 dentes de alho picados

1 pimenta jalapeño, picada

1 colher de chá de pimenta caiena

1 colher de chá de sementes de coentro

1 colher de chá de sementes de funcho

1 colher de chá de páprica

2 xícaras de tomates cozidos, esmagados

2 colheres de molho de tomate

2 colheres de chá de grânulos de caldo vegano

1 xícara de água

1 xícara de creme de cebola

2 libras de feijão carioca enlatado, escorrido

1 limão fatiado

*Títulos*

Aqueça o azeite em uma panela de fundo grosso em fogo médio. Assim que ferver, refogue a cebola, o aipo, a cenoura e a batata-doce por cerca de 4 minutos.

Refogue o alho e a pimenta jalapeño por cerca de 1 minuto.

Adicione os temperos, os tomates, o molho de tomate, o caldo vegano granulado, a água, a cebola e o feijão em conserva. Deixe cozinhar, mexendo de vez em quando, por cerca de 30 minutos ou até ficar cozido.

Sirva decorado com rodelas de lima. Desfrute de sua refeição!

## Salada Cremosa de Feijão Fradinho

*(Rende cerca de 1 hora | 5 porções)*

Por porção: calorias: 325; Gordura: 8,6g; carboidratos: 48,2g; Proteína: 17,2 g

*Ingredientes*

1 ½ xícaras de feijão-fradinho, embebido durante a noite e escorrido

4 cebolinhas, fatiadas

1 cenoura ralada

1 xícara de repolho verde, picado

2 pimentões, sem sementes e picados

2 tomates médios, em cubos

1 colher de sopa de tomate seco, picado

1 colher de chá de alho picado

1/2 xícara de maionese vegana

1 colher de sopa de suco de limão

1/4 xícara de vinagre de vinho branco

Sal marinho e pimenta-do-reino moída a gosto

*Títulos*

Cubra o feijão-fradinho com água até 2 polegadas e deixe ferver suavemente. Deixe ferver por cerca de 15 minutos.

Em seguida, abaixe o fogo por cerca de 45 minutos. Deixe esfriar completamente.

Coloque o feijão fradinho em uma saladeira. Adicione os outros ingredientes e misture bem. Desfrute de sua refeição!

## Abacate recheado com grão de bico

*(Rende em cerca de 10 minutos | 4 porções)*

Por porção: Calorias: 205; Gordura: 15,2g; carboidratos: 16,8 g; Proteína: 4,1g

*Ingredientes*

2 abacates sem caroço e cortados ao meio

1/2 limão espremido na hora

4 colheres de cebolinha picada

1 dente de alho picado

1 tomate médio, picado

1 pimentão, sem sementes e picado

1 pimentão vermelho, sem sementes e picado

2 onças de grão-de-bico, cozido ou cozido, escorrido

Sal kosher e pimenta-do-reino moída a gosto

*Títulos*

Coloque o abacate em um prato. Regue o suco de limão sobre cada abacate.

Em uma tigela, misture cuidadosamente o restante dos ingredientes do recheio até ficar bem misturado.

Recheie os abacates com a mistura preparada e sirva imediatamente. Desfrute de sua refeição!

## sopa de feijao preto

*(Prepara-se em cerca de 1 hora e 50 minutos | 4 porções)*

Por porção: Calorias: 505; Gordura: 11,6g; carboidratos: 80,3g; Proteína: 23,2 g

*Ingredientes*

2 xícaras de feijão preto, de molho durante a noite e escorrido

1 raminho de tomilho

2 colheres de óleo de coco

2 cebolas finamente picadas

1 talo de aipo, picado

1 cenoura, descascada e picada

1 pimentão italiano, sem sementes e picado

1 pimentão, sem sementes e moído

4 dentes de alho, espremidos ou picados

Sal marinho e pimenta-do-reino moída na hora a gosto

1/2 colher de chá de cominho moído

1/4 colher de chá de folhas de louro moídas

1/4 colher de chá de pimenta da Jamaica moída

1/2 colher de chá de manjericão seco

4 xícaras de caldo de legumes

1/4 xícara de coentro fresco, picado

2 onças de chips de tortilla

*Títulos*

Ferva o feijão e 6 xícaras de água em uma panela. Assim que ferver, reduza o fogo para fogo brando. Adicione os ramos de tomilho e cozinhe por cerca de 1 hora e 30 minutos ou até ficar macio.

Enquanto isso, aqueça o óleo em uma panela de fundo grosso em fogo médio-alto. Agora refogue a cebola, aipo, cenoura e pimentão por cerca de 4 minutos até ficarem macios.

Em seguida, refogue o alho por cerca de 1 minuto ou até perfumar.

Misture a mistura assada no feijão cozido. Em seguida, adicione sal, pimenta do reino, cominho, louro moído, pimenta da Jamaica moída, manjericão seco e caldo de legumes.

Continue cozinhando em fogo baixo, mexendo de vez em quando, por mais 15 minutos ou até que tudo esteja cozido.

Decore com coentro fresco e tortilhas. Desfrute de sua refeição!

## Salada de lentilha beluga com ervas

*(Preparação em aprox. 20 minutos + tempo de arrefecimento | 4 porções)*

Por porção: calorias: 364; Gordura: 17g; carboidratos: 40,2g; Proteína: 13,3 g

*Ingredientes*

1 xícara de lentilhas vermelhas

3 xícaras de água

1 xícara de tomate uva, cortados ao meio

1 pimentão verde, sem sementes e picado

1 pimentão vermelho, sem sementes e picado

1 pimentão vermelho, sem sementes e picado

1 pepino fatiado

4 colheres de sopa de chalota picada

2 colheres de sopa de salsa fresca picada

2 colheres de sopa de coentro fresco, picado

2 colheres de sopa de cebolinha fresca, picada

2 colheres de sopa de manjericão fresco, picado

1/4 xícara de azeite

1/2 colher de chá de sementes de cominho

1/2 colher de chá de gengibre moído

1/2 colher de chá de alho picado

1 colher de chá de xarope de agave

2 colheres de sopa de suco de limão fresco

1 colher de chá de casca de limão

Sal marinho e pimenta-do-reino moída a gosto

2 onças de azeitonas pretas, sem caroço e cortadas ao meio

*Títulos*

Adicione as lentilhas marrons e a água a uma panela e leve para ferver em fogo alto. Em seguida, retire do fogo e cozinhe por mais 20 minutos ou até ficar macio.

Coloque as lentilhas em uma saladeira.

Adicione os legumes e as ervas e misture bem. Em uma tigela, misture o óleo, sementes de cominho, gengibre, alho, xarope de agave, suco de limão, raspas de limão, sal e pimenta preta.

Tempere a salada, decore com azeitonas e sirva em temperatura ambiente. Desfrute de sua refeição!

### salada italiana de feijão

*(Preparação em aprox. 1 hora + tempo de arrefecimento | 4 porções)*

Por porção: Calorias: 495; Gordura: 21,1g; carboidratos: 58,4 g; Proteína: 22,1g

*Ingredientes*

Feijão cannellini de 3/4 de libra, embebido durante a noite e escorrido

2 xícaras de floretes de couve-flor

1 cebola roxa, finamente picada

1 colher de chá de alho picado

1/2 colher de chá de gengibre moído

1 pimenta jalapeño, picada

1 xícara de tomate uva, esquartejado

1/3 xícara de azeite extra virgem

1 colher de sopa de suco de limão

1 colher de chá de mostarda Dijon

1/4 xícara de vinagre branco

2 dentes de alho, prensados

1 colher de chá de mistura de ervas italianas

Sal Kosher e pimenta-do-reino moída, para temperar

2 onças de azeitonas verdes, sem caroço e fatiadas

*Títulos*

Despeje água fria fresca sobre o feijão embebido e leve para ferver. Deixe ferver por cerca de 10 minutos. Reduza o fogo para baixo e cozinhe por 60 minutos ou até ficar macio.

Enquanto isso, ferva os floretes de couve-flor por cerca de 6 minutos ou até ficarem macios.

Deixe o feijão e a couve-flor esfriarem completamente; em seguida, transfira-os para uma tigela de salada.

Adicione os outros ingredientes e misture bem. Prove e ajuste os temperos.

Desfrute de sua refeição!

## Tomate recheado com feijão branco

*(Rende em cerca de 10 minutos | 3 porções)*

Por porção: calorias: 245; Gordura: 14,9g; carboidratos: 24,4 g; Proteína: 5,1 g

*Ingredientes*

3 tomates médios, corte uma rodela fina por cima e retire a polpa

1 cenoura ralada

1 cebola roxa finamente picada

1 dente de alho descascado

1/2 colher de chá de manjericão seco

1/2 colher de chá de orégano seco

1 colher de chá de alecrim seco

3 colheres de sopa de azeite

3 onças de feijão marinho enlatado, escorrido

3 onças de grãos de milho doce, descongelados

1/2 xícara de chips de tortilla, esmagados

*Títulos*

Coloque os tomates em um prato de servir.

Em uma tigela, misture bem o restante dos ingredientes do recheio.

Recheie o abacate e sirva imediatamente. Desfrute de sua refeição!

## Sopa de feijão-fradinho de inverno

*(Prepara-se em cerca de 1 hora e 5 minutos | 5 porções)*

Por porção: calorias: 147; Gordura: 6g; carboidratos: 13,5 g; Proteína: 7,5 g

*Ingredientes*

2 colheres de sopa de azeite

1 cebola finamente picada

1 cenoura finamente picada

1 pastinaca picada

1 xícara de funcho, picado

2 dentes de alho, bem picados

2 xícaras de feijão-fradinho seco, embebido durante a noite

5 xícaras de sopa de legumes

Sal kosher e pimenta-do-reino moída na hora para temperar

*Títulos*

Aqueça o azeite em uma panela em fogo médio-alto. Depois de quente, refogue a cebola, a cenoura, a pastinaca e o funcho por 3 minutos ou até ficarem macios.

Adicione o alho e refogue por mais 30 segundos até ficar aromático.

Adicione as ervilhas, o caldo de legumes, o sal e a pimenta-do-reino. Continue a cozinhar, parcialmente coberto, por mais 1 hora ou até ficar cozido.

Desfrute de sua refeição!

## rissóis de feijão vermelho

*(Rende em cerca de 15 minutos | Serve 4)*

Por porção: calorias: 318; Gordura: 15,1g; carboidratos: 36,5 g; Proteína: 10,9 g

*Ingredientes*

12 onças de feijão enlatado ou cozido, escorrido

1/3 xícara de aveia à moda antiga

1/4 xícara de farinha de trigo

1 colher de chá de fermento em pó

1 chalota pequena, picada

2 dentes de alho, bem picados

Sal marinho e pimenta-do-reino moída a gosto

1 colher de chá de páprica

1/2 colher de chá de pimenta em pó

1/2 colher de chá de folhas de louro moídas

1/2 colher de chá de cominho moído

1 ovo de chia

4 colheres de sopa de azeite

*Títulos*

Coloque o feijão em uma tigela e amasse com um garfo.

Misture bem o feijão, a aveia, a farinha, o fermento, a chalota, o alho, o sal, a pimenta-do-reino, a páprica, a pimenta malagueta, o louro moído, o cominho e a chia.

Forme quatro hambúrgueres com a mistura.

Em seguida, aqueça o azeite em uma panela em fogo médio. Asse os scones por cerca de 8 minutos, virando uma ou duas vezes.

Sirva com suas coberturas favoritas. Desfrute de sua refeição!

## Hambúrguer de ervilha caseiro

*(Rende em cerca de 15 minutos | Serve 4)*

Por porção: calorias: 467; Gordura: 19,1g; carboidratos: 58,5 g; Proteína: 15,8 g

*Ingredientes*

1 libra de ervilhas, congeladas e descongeladas

1/2 xícara de farinha de grão de bico

1/2 xícara de farinha simples

1/2 xícara de farinha de rosca

1 colher de chá de fermento em pó

2 ovos de linhaça

1 colher de chá de páprica

1/2 colher de chá de manjericão seco

1/2 colher de chá de orégano seco

Sal marinho e pimenta-do-reino moída a gosto

4 colheres de sopa de azeite

4 pães de hambúrguer

*Títulos*

Em uma tigela, misture bem as ervilhas, a farinha, a farinha de rosca, o fermento, o ovo de linhaça, a páprica, o manjericão, o orégano, o sal e a pimenta-do-reino.

Forme quatro hambúrgueres com a mistura.

Em seguida, aqueça o azeite em uma panela em fogo médio. Asse os scones por cerca de 8 minutos, virando uma ou duas vezes.

Sirva no pão de hambúrguer e aproveite!

## Assado de Feijão Preto e Espinafre

*(Prepara-se em cerca de 1 hora e 35 minutos | Serve 4 pessoas)*

Por porção: Calorias: 459; Gordura: 9,1g; carboidratos: 72 g; Proteína: 25,4 g

*Ingredientes*

2 xícaras de feijão preto, de molho durante a noite e escorrido

2 colheres de sopa de azeite

1 cebola, descascada e cortada ao meio

1 pimenta jalapeño, fatiada

2 pimentões, sem sementes e fatiados

1 xícara de cogumelos, fatiados

2 dentes de alho, bem picados

2 xícaras de caldo de legumes

1 colher de chá de páprica

Sal kosher e pimenta-do-reino moída a gosto

1 folha de louro

2 xícaras de espinafre, em cubos

*Títulos*

Despeje água fria fresca sobre o feijão embebido e leve para ferver. Deixe ferver por cerca de 10 minutos. Reduza o fogo para baixo e continue cozinhando por 50-55 minutos ou até ficar macio.

Aqueça o azeite em uma panela de fundo grosso em fogo médio. Assim que ferver, refogue a cebola e o pimentão por cerca de 3 minutos.

Refogue o alho e os cogumelos por cerca de 3 minutos, ou até que os cogumelos liberem seu líquido e o alho esteja perfumado.

Adicione o caldo de legumes, o colorau, o sal, a pimenta-do-reino, o louro e o feijão cozido. Deixe ferver, mexendo de vez em quando, por cerca de 25 minutos ou até que esteja cozido.

Em seguida, adicione o espinafre e cozinhe tampado por cerca de 5 minutos. Desfrute de sua refeição!

### molho de alho e coentro

*(Rende cerca de 10 minutos | 6 porções)*

Por porção: calorias: 181; Gordura: 18,2g; carboidratos: 4,8 g; Proteína: 3g

*Ingredientes*

1/2 xícara de amêndoas

1/2 xícara de água

1 maço de coentro

1 malagueta vermelha finamente picada

2 dentes de alho, picados

2 colheres de sopa de suco de limão fresco

1 colher de chá de raspas de limão

Sal marinho e pimenta preta moída

5 colheres de sopa de azeite extra virgem

*Títulos*

Coloque as amêndoas e a água no liquidificador e bata até ficar cremoso e homogêneo.

Adicione coentro, pimenta, alho, suco de limão, raspas de limão, sal e pimenta-do-reino; piscar até que tudo esteja bem alinhado.

Em seguida, adicione gradualmente o azeite e misture até ficar homogêneo. Guarde na geladeira por até 5 dias.

Desfrute de sua refeição!

## molho ranch clássico

*(Rende em cerca de 10 minutos | Serve 8)*

Por porção: calorias: 191; Gordura: 20,2g; carboidratos: 0,8 g; Proteína: 0,5 g

*Ingredientes*

1 xícara de maionese vegana

1/4 leite de amêndoa sem açúcar

1 colher de chá de vinagre de xerez

1/2 colher de chá de sal kosher

1/4 colher de chá de pimenta preta

2 dentes de alho, bem picados

1/2 colher de chá de cebolinha seca

1/2 colher de chá de endro seco

1 colher de chá de flocos de salsa seca

1/2 colher de chá de cebola em pó

1/3 colher de chá de páprica

*Títulos*

Misture bem todos os ingredientes em uma tigela com um batedor de arame.

Cubra e refrigere até estar pronto para servir.

Desfrute de sua refeição!

## Molho de Tahine Coentro

*(Rende cerca de 10 minutos | 6 porções)*

Por porção: Calorias: 91; Gordura: 7,5g; carboidratos: 4,5 g; Proteína: 2,9 g

*Ingredientes*

1/4 xícara de castanha de caju, embebidas durante a noite e escorridas

1/4 xícara de água

4 colheres de tahine

1/4 xícara de folhas de coentro fresco, picadas

1 dente de alho picado

Sal kosher e pimenta caiena a gosto

*Títulos*

Bata as castanhas de caju e a água no liquidificador até ficar cremoso e homogêneo.

Adicione o restante dos ingredientes e continue batendo até misturar bem.

Guarde na geladeira por até uma semana. Desfrute de sua refeição!

## molho de limão e coco

*(Rende cerca de 10 minutos | 7 porções)*

Por porção: Calorias: 87; Gordura: 8,8g; carboidratos: 2,6 g; Proteína: 0,8 g

*Ingredientes*

1 colher de chá de óleo de coco

1 dente grande de alho, picado

1 colher de chá de gengibre fresco picado

1 xícara de leite de coco

1 lima espremida na hora e ralada

Uma pitada de sal-gema do Himalaia

*Títulos*

Derreta o óleo de coco em uma panela pequena em fogo médio. Depois de quente, cozinhe o alho e o gengibre por cerca de 1 minuto ou até ficarem aromáticos.

Leve o fogo para ferver e adicione o leite de coco, suco de limão, raspas de limão e sal; continue a cozinhar por 1 minuto ou até aquecer.

Desfrute de sua refeição!

### guacamole caseiro

*(Rende cerca de 10 minutos | 7 porções)*

Por porção: calorias: 107; Gordura: 8,6g; carboidratos: 7,9 g; Proteína: 1,6 g

*Ingredientes*

2 abacates, descascados e sem caroço

Suco de 1 limão

Sal marinho e pimenta-do-reino moída a gosto

1 cebola pequena, em cubos

2 colheres de sopa de coentros frescos picados

1 tomate grande, em cubos

*Títulos*

Amasse o abacate junto com os outros ingredientes em uma tigela.

Refrigere o guacamole até a hora de servir. Desfrute de sua refeição!

www.ingramcontent.com/pod-product-compliance
Lightning Source LLC
Chambersburg PA
CBHW070407120526
44590CB00014B/1299